墨香财经学术文库
"十二五"辽宁省重点图书出版规划项目

Research on Innovation and Development of Elderly Care Industry

张岩松 侯晓霞 ◎ 著

养老服务创新发展研究

东北财经大学出版社
Dongbei University of Finance & Economics Press
大连

图书在版编目（CIP）数据

养老服务创新发展研究 / 张岩松，侯晓霞著．—大连：东北财经大学出版社，2021.12
（墨香财经学术文库）
ISBN 978-7-5654-4365-7

Ⅰ．养… Ⅱ．①张… ②侯… Ⅲ．养老-社会服务-研究-中国 Ⅳ．D669.6

中国版本图书馆CIP数据核字（2021）第212099号

东北财经大学出版社出版发行
大连市黑石礁尖山街217号 邮政编码 116025
网 址：http://www.dufep.cn
读者信箱：dufep @ dufe.edu.cn
大连永盛印业有限公司印刷

幅面尺寸：185mm×260mm 字数：217千字 印张：10.5 插页：1
2021年12月第1版 2021年12月第1次印刷
责任编辑：张晓鹏 宋雪凌 责任校对：石建华
封面设计：冀贵收 版式设计：钟福建
定价：48.00元

教学支持 售后服务 联系电话：（0411）84710309

前言

我国人口老龄化的持续快速发展，给养老保障工作带来了极大的挑战，不仅需要养老金保障，更需要养老服务保障。目前，我国基本建成了覆盖城乡居民的养老服务体系，为城乡居民提供了基本的养老服务需求保障。但是，我国的养老服务体系建设尚存在诸多问题，日益庞大的养老服务需求与养老服务发展不平衡、供给不充分之间的矛盾还十分突出，亟待采取有效措施积极推进养老服务创新发展。基于此，我们精心编写了这部《养老服务创新发展研究》，它是团队同仁在一线调研、深入研究、系统思考、缜密分析的基础上完成的。我们衷心希望它能给老龄事业管理部门、各级民政部门、各类养老服务机构以及广大关心中国养老事业发展的人士以帮助和启示，为推进我国养老服务业的发展、应对人口老龄化的严峻挑战贡献一份力量。

本书在对养老服务发展历程与内涵、养老服务要素、养老服务需求以及相关理论等进行分析的基础上，重点探讨了居家养老服务、社区养老服务、机构养老服务三大养老服务方式的创新发展对策，并对养老服务的医养结合模式、互助养老模式、智慧养老模式、老幼共处模式、旅游养老模式和互联网+养老模式等方面的创新发展进行了分析和探讨。每章后还设有"案例研究"，精选了养老服务创新发展的最新典型案例，就每一案例还设置了"思考与讨论"题若干，以启发读者进行案例分析和研究。

本书是辽宁省教育厅2019年度科学研究经费项目"养老服务从业人员褒扬激励机制研究"（JYT201902）、大连市社会科学院2019年度智库研究基地课题"大连市老年友好社区建设研究"（2019dlskyjd016）的重要成果。本书也是大连职业技术学院2019年度校级科研创新团队、大连职业技术学院2019年度学术带头人项目、大连职业技术学院2021年教学名师项目的重要成果。本书由张岩松、侯晓霞合著，具体分工如下：张岩松撰写第一章、第五章；侯晓霞撰写第二章、第三章和第四章。

2019年5月，国务院办公厅发布了《国务院办公厅关于推进养老服务发展的意见》，提出确保到2022年，在保障人人享有基本养老服务的基础上，切实满足老年人多样化、多层次的养老服务需求，确保老年人及其子女获得感、幸福感、安全感显著提高。这不仅指出了当前我国社会养老服务发展的重要目标，更明确了政府对亿万城乡居民养老问题的承诺和责任。“天行健，君子以自强不息”，值本书付梓之际，我们衷心地祝愿我国养老服务业不断创新发展，养老服务质量不断提升，早日实现人人享有高质量养老服务的目标。

本书的编写参考了大量文献，在此向各位作者表示衷心感谢，同时感谢东北财经大学出版社对本书出版的大力支持。

由于作者学识、时间、精力所限，书中不足之处在所难免，恳请大家指正。

张岩松

2021年8月

目录

第一章 养老服务概述

打通“堵点”，消除“痛点”，破除发展障碍，健全市场机制，持续完善居家为基础、社区为依托、机构为补充、医养相结合的养老服务体系，建立健全高龄、失能老年人长期照护服务体系，强化信用为核心、质量为保障、放权与监管并重的服务管理体系，大力推动养老服务供给结构不断优化、社会有效投资明显扩大、养老服务质量持续改善、养老服务消费潜力充分释放，确保到2022年在保障人人享有基本养老服务的基础上，有效满足老年人多样化、多层次养老服务需求，老年人及其子女获得感、幸福感、安全感显著提高。

——《国务院办公厅关于推进养老服务发展的意见》（国办发〔2019〕5号）

党的十九大报告明确提出了从2020年到本世纪中叶可以分为“两个阶段”来安排：第一阶段，从2020到2035年，在全面建成小康社会的基础上，再奋斗十五年，基本实现社会主义现代化；第二阶段，从2035年到本世纪中叶，在基本实现现代化的基础上，再奋斗十五年，把我国建成富强、民主、文明、和谐、美丽的社会主义现代化强国。“两个十五年”恰逢我国人口老龄化加速期。遵循人口发展规律，1962—1975年我国第二个生育高峰出生人口队列（年均出生人口2 583万人）在2022—2035年步入老龄行列，形成人口老龄化的第二次冲击波。《国家应对人口老龄化战略研究总报告》预测，60岁及以上老年人口将在2019年2.54亿的基础上快速扩张，2025年超过3亿，2033年超过4亿，2035年为4.18亿左右；老龄化水平从2019年的18.1%升至2024年的20.3%，进入深度老龄社会，2035年达28.7%，直逼重度老龄社会。至21世纪中叶，老年人口规模达峰值5亿左右，老龄化水平稳居

35%上下，迈进重度老龄社会。如此快速深化的老龄社会，必然使社会主义现代化强国建设受到严峻挑战，保障包括老年人在内的全体人民共同富裕和共同发展的任务将更加艰巨。老龄社会是全球的共同挑战，更是中国未来发展必须长期直面的重大考验。[①]

人口老龄化的发展态势给我国养老保障工作带来极大挑战。养老保障不仅需要养老金保障，更需要养老服务保障。[②]2019年5月，国务院办公厅发布《国务院办公厅关于推进养老服务发展的意见》，提出确保到2022年在保障人人享有基本养老服务的基础上，有效满足老年人多样化、多层次养老服务需求，确保老年人及其子女获得感、幸福感、安全感显著提高。这不仅指出了当前我国社会养老服务发展的重要目标，更是明确了政府对亿万城乡居民养老问题的承诺和责任。

大力推进我国养老服务创新发展，构建完善的社会养老服务体系已经成为关系国计民生的重要战略性问题。

一、养老服务发展历程及内涵

1.我国养老服务的发展历程

中华人民共和国成立以来，我国养老服务大体经历了四个发展阶段。

（1）计划经济时期的补缺型养老服务发展阶段（1949—1984年）。自中华人民共和国成立直至整个计划经济时期，我国的养老服务发展基本处于补缺状态，政府将有限的养老服务资源分配给最需要帮助和救济的老年人，为其提供基本的经济保障和必要的养老服务，其他广大城乡居民的养老服务需求全部由家庭内部满足。

（2）改革开放后的社会化养老服务探索阶段（1985—2000年）。改革开放后，我国开始从计划经济体制向社会主义市场经济体制转型，“社会化”“市场化”的观念逐步深入社会发展的各个领域，国家开始探索社会化的保障及福利体系。1984年11月，民政部召开全国城市社会福利事业单位经验交流会，首次提出社会福利社会办，这成为养老服务社会化的契机。[③]此后，养老服务发展进入了第二阶段，即探索建立社会化养老服务体系阶段。

（3）21世纪以来的社会养老服务体系形成阶段（2001—2011年）。1999年，我

① 原新．积极推进新时代养老服务政策落地［J］．中国社会工作，2020（6）：26-27.

② 杨翠迎．我国社会养老服务发展转变与质量提升——基于新中国成立70年的回顾［J］．社会科学辑刊，2020（5）：111-118.

③ 董红亚．新中国养老服务60年［C］．杭州：新中国人口60年——回顾与展望全国学术研讨会，2009.

国迈入人口老龄化社会，人口老龄化形势日益严峻，对社会养老服务的需求急剧上升。而以保障困难老人为主的养老服务体系无法适应人口老龄化带来的规模性养老服务需求，迫切需要加大社会养老服务供给。另外，新时期受新公共管理、福利多元主义思潮的影响，国家愈加重视社会化养老服务体系建设和地方探索，由此养老服务发展进入第三阶段，即全面开启老龄事业的发展，加快社会养老服务体系建设的阶段。

（4）新时期的养老服务高质量发展阶段（2012年至今）。这一阶段以党的十八大强调“积极应对人口老龄化，大力发展老龄服务事业和产业”为起点，我国全面步入政府和市场双轮驱动和内涵式发展道路，进入养老服务高质量发展时代。这一时期，我国养老服务发展的特点是：养老服务体系内涵不断深化、高质量发展成为主旋律、政府与市场双轮驱动格局基本形成。①

2.养老服务的内涵

2014年9月3日，财政部等四部门下发《关于做好政府购买养老服务工作的通知》（财社〔2014〕105号），部署加快推进政府购买养老服务工作。通知明确指出，到2020年，我国将基本建立比较完善的政府购买养老服务制度，推动建成功能完善、规模适度、覆盖城乡的养老服务体系。该文件关于“确定购买内容”的表述是：“要根据养老服务的性质、对象、特点和地方实际情况，重点选取生活照料、康复护理等方面开展政府购买服务工作。在购买居家养老服务方面，主要包括为符合政府资助条件的老年人购买助餐、助浴、助洁、助急、助医、护理等上门服务，以及养老服务网络信息建设；在购买社区养老服务方面，主要包括为老年人购买社区日间照料、老年康复文体活动等服务；在购买机构养老服务方面，主要为‘三无’（无劳动能力、无生活来源、无赡养人和扶养人或者其赡养人和扶养人确无赡养和扶养能力）老人、低收入老人、经济困难的失能半失能老人购买机构供养、护理服务……”由此可以看出养老服务大体涵盖的种类和服务内容。

养老服务是指国家和社会以发扬敬老爱老美德、安定老年人基本生活、维护老年人生理健康、充实老年人精神文化生活为目的而采取的政策措施和提供的设施服务的总称。②养老服务有广义和狭义之分。从狭义上讲，养老服务仅指为老年人提供的生活照顾、康复护理和精神慰藉等服务。从广义上讲，养老服务则是一个大服务的概念，几乎涵盖了老年人衣食住行、生活照料、医疗服务、文化健身娱乐等多个领域，包括一切有利于老年人更好生活的正式、非正式的为老

① 杨翠迎．我国社会养老服务发展转变与质量提升——基于新中国成立70年的回顾［J］．社会科学辑刊，2020（5）：111-118.

② 席恒．分层分类：提高养老服务目标瞄准率［J］．学海，2015（1）：80-87.

服务。

二、养老服务要素分析

全面的养老服务体系包括养老服务的内容、形式、制度、管理、经济、技术、文化七个基本要素，如图1-1所示。

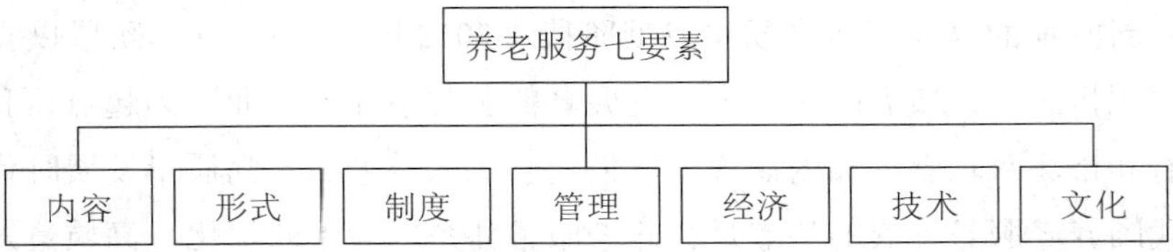

图1-1　养老服务七要素

养老服务的七个基本要素互相联系，各要素同时包含着若干方面的具体内容，这些内容构成了养老服务体系的整体框架。要对养老服务进行准确定位，就需要全面了解养老服务要素的具体内容，深入探究养老服务创新工作的出发点与落脚点。

通过对养老服务各要素的整合，形成了养老服务的体系建设框架。养老服务体系是以政府主导、政策支持、社会参与、市场参与为原则，以社会化养老服务为支撑，以提高老年人物质文化生活为目标，对居家养老、社区养老和机构养老所提供的基本养老服务与社会组织提供的非基本养老服务进行有效整合而最终形成的养老服务有机体。

当前，我国推行“以居家养老为基础，以社区养老为依托，以机构养老为支撑”的总体养老服务体系，由养老服务制度体系、养老服务管理体系、养老服务经济体系、养老服务支持体系等子系统组成，如表1-1所示。[①]

表1-1　**养老服务要素的具体内容**

养老服务内容	生活照护	对老年人日常生活饮食起居的照护，年龄越大需要的内容越多
	医疗护理	主要包括定期常规体检、慢性病常规治疗、慢性病急性期入院治疗、突发疾病的抢救及相关药品、医疗用具、食宿等
	心理慰藉	老年人需要更多的关怀、理解、认同、尊重、沟通和陪伴，以达到身心健康
	临终关怀	对生存时间有限的患者提供护理，减轻其生理痛苦和心理恐惧，以改善患者余寿质量，体现社会的人文关怀

① 席恒. 分层分类：提高养老服务目标瞄准率［J］. 学海，2015（1）：80-87.

续表

养老服务形式	居家养老	以家庭为核心，使老年人在家里接受生活照护、医疗服务和心理慰藉等各种养老服务的养老形式
	机构养老	以养老机构为核心，老年人离开家庭到养老机构接受养老服务的养老形式
	社区养老	以社区为依托，以家庭为基础，结合社会养老机构，由社区承担养老服务责任的养老形式
养老服务制度体系	管理体制	整合管理部门，明确职能定位，建立统一、集中管理、多部门合作的养老服务管理体系
	运行机制	建立多元化的资金投入机制，多主体参与的养老服务供给机制、养老服务人才培养机制及养老服务责任共担机制
	法治建设	要求政府制定完善的法律、法规，保证公民基本养老权益的实现，并实现养老服务的规范性和统一性
养老服务管理体系	资源整合	对家庭、社区、政府、市场和志愿组织的养老服务资源进行整合，以扬长避短，发挥不同资源的最大优势
	流程设计	根据养老服务需求确定养老服务供给流程，包括家庭和社区的基本服务、市场的多元服务、志愿组织的稳定服务等
	质量控制	建立养老服务量化评估标准，并由政府实施监督与评估，以提升养老服务水平
养老服务经济体系	筹资渠道	主要包括个人（家庭）供给、政府供给和志愿供给，应在个人（家庭）、政府和志愿供给中形成合理的责任共担机制
	筹资模式	合理的筹资规模需要达到养老服务需求水平与供给水平的均衡，并以满足老年人养老服务需求的基本水平为依据
	筹资方式	合理采取强制征收、自愿缴纳与补差筹资相结合的方式，实现养老服务资金支持的可持续性
养老服务支持体系	物流配送技术	运用现代化信息技术和机械设备完成商品和服务配送的全部技术，能够使老年人对商品和服务的获得更加快捷便利
	远程诊疗技术	是网络通信技术与医疗技术相结合的一项新技术，能够解决老年人医疗服务获取困难的问题
	物联网技术	通过各种信息传感设备，把任何物品与互联网相连接，进行信息交换和通信，以实现养老服务的智能化
养老文化	敬老爱老传统、养老习俗	养老文化是指社会对养老服务的价值选择，对人们的养老行为具有引导、监督和强化的作用

三、养老服务需求分析

对养老服务需求进行分析，有助于有针对性地开展养老服务工作，提升养老服务工作的水平。在现实生活中，老年人在身体状况、精神状况、经济条件等方面存在的较大差别，决定了他们对养老服务需求的不同。根据老年人自身的状况和条件，可以将老年人的养老服务需求分为生产型服务需求、基础型服务需求和提升型服务需求三个类型，如图1-2所示。

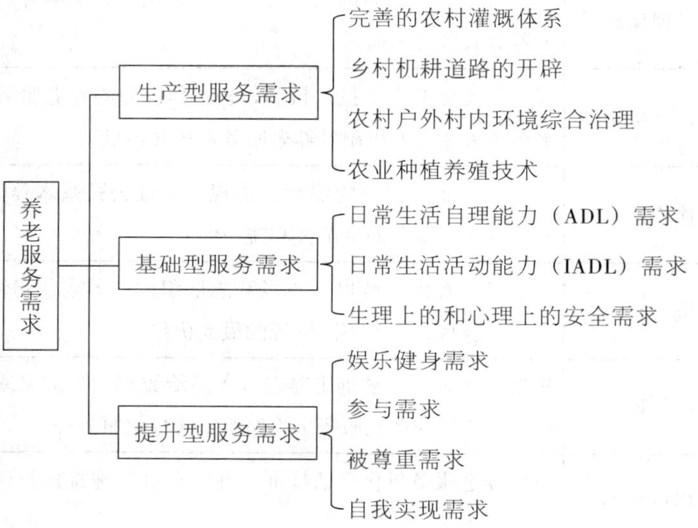

图1-2 养老服务需求的类型

1.生产型服务需求

生产型服务需求一般是农村老年人所具有的一项需求。当前，我国农村约有70%以上的耕地仍然由农户家庭耕种，其中的绝大多数是由农户家庭中的老年人来耕种的，因而在我国农村呈现出所谓的“老人农业”形态。据对农村老年人的调查，他们种田有3条理由：一是现在农村农业生产条件大大改善了，种田不像过去那样拼体力，是重体力活，现在种田劳动较轻松，年纪大了也做得了；二是他们觉得种田有收获，能体会到丰收的喜悦，很有成就感；三是种田的同时，还可以活动筋骨、锻炼身体。的确，农村老年人与土地天然紧密的结合，使其从土地上获得了可观的收益：一定的经济收入、实现了老有所为的“就业”、生活更有意义的心理满足以及自我肯定的积极评价等。因而在当今中国社会，农村老年人参与农业生产的比例一直保持在较高的水平，与城镇老年人不同，他们在需求上就多了生产型服务需求，这理应纳入农村养老服务需求之中。所谓生产型服务需求（亦称生产性服务需求），是指根据农村老年人参与农业生产的实际状况，而为他们提供的有偿性或公益性的服务。这包括农村灌溉体系的完善、乡村机耕道路的开辟、农村“户外村内”环境综合的整治以及种植养殖技术等农技推广服务等。从积极老龄化的角度看，适度参与农业生产劳动为农村老年人实现了赋权增能（empowerment），对老年人的经济独立和自由全面发展是十分有益的。因此，在乡村振兴战略背景下，应积极为农村老年人以及准老年人提供必要的生产型服务。

2.基础型服务需求

基础型服务需求，是指老年人的基本养老需求。它由老年人的日常生活自理能力（ADL）需求、日常生活活动能力（IADL）需求和安全需求构成。日常生活自理能力（ADL）需求是人的最基本的需求，包括进食、穿衣、洗澡、（室内）移动、排泄等生活能力，失能、半失能老年人就是不同程度地丧失了这些能力。日常生活活动能力（IADL）需求是获取生活资料、保障老年人基本生活的需求，包括买菜、做饭、洗衣、打扫房间、使用电话、出行、理财等活动能力。安全需求可以分为生理上的安全需求和心理上的安全需求。生理上的安全需求是指老年人就诊、治疗、康复、取药、吃药等生病就医的医疗服务方面的需求，此外，还包括出行安全以及生活和物质安全的保障；心理上的安全需求是指来自诸如物质保障、亲人关爱、未来自我生活预期等方面的自我安全感的满足。①

3.提升型服务需求

老年人的提升型服务需求是指充实晚年生活、提升自我价值的养老需求。具体包括娱乐健身需求、参与需求、被尊重需求和自我实现需求。娱乐健身需求是指老年人步入老龄后，参加旅游、下棋、跳舞、书画、合唱、体育活动等的需求。参与需求是指老年人对于爱和归属的需求，体现在人际交往和社会参与两个方面。在我国熟人社会里，老年人的活动范围比较封闭，他们需要聚在一起打牌、聊天或者参加跳广场舞等集体活动，一起热闹热闹，以消除孤独寂寞感。此类较为频繁的人际交往，较多的邻里互动，使人际交往体现出血缘性和地缘性的特点，提高了老年人的归属感。对老年人而言，社会参与需求较多地体现为一种权利和情感的满足，通过参与社会活动，与他人保持联系，与他人互动，从而拓展自身的交际面。被尊重需求是指老年人渴望得到他人的尊重和爱戴。我国自古就有尊老、敬老的传统，老年人被尊重的需求更为突出。自我实现需求是一种精神追求、一种价值方面的体现，在其他需求都基本得到满足后，才会出现这类更高层次的需求。一些老年人想从自身的兴趣出发学习各类新知识、掌握新技能或者从事年轻时未能完成的事情，从中得到自我的满足和他人的认可，满足自身自我实现的需要。

① 张岩松．老年服务与管理人才队伍建设的研究与实践［M］．北京：清华大学出版社，2014：13-18.

随着年龄的增长，老年人生理机能逐渐下降和衰退，以上各类型的服务需求会出现不同程度的变化，一般的生产型服务需求、提升型服务需求会下降，基础型服务需求会上升，最终进入日常生活自理能力需求领域，从而需要他人的照护或社会的帮助。满足老年人基础型服务需求的供给侧主要来自社会支持和家庭支持。社会支持主要来源于两方面：一方面是老年人入住敬老院、养老院等养老机构集中养老，在那里得到养老服务人员的照护服务；另一方面是分散式的居家服务，即居家的老年人定时接受养老服务人员上门的照护服务。家庭支持主要是家庭成员给予老年人的照护服务，或者是家庭聘用养老服务人员为老年人提供一对一的照护服务。

四、养老服务的相关理论

养老服务作为准公共品，若全由政府包办，则会出现“缺乏竞争、效率低下”的局面；但若完全以市场机制运行，则会由于市场结构本身的缺陷出现“市场失灵”状况，不能满足相对弱势的老年群体的养老服务需求。从各国发展养老服务业的实践来看，各国均采取“政府主导和市场配置结合，多元模式共生并存”、“社会公益”与“市场导向”相结合的方式发展养老服务业。[①]纵观国内外关于老年服务业服务理论的研究，较为完整的主要有以下七种：

1.社区照顾理论

社区照顾（community care）始于20世纪50年代的英国，是在福利危机背景下针对院舍式照顾提出的一种社会政策转变。当时，机构照顾的高成本、非人性化的负面后果日益显现，英国各界发起“去机构化”的倡议，有关社区照顾的理论逐步出现在社会福利政策的讨论中。英国社区照顾起初主要针对精神病患者和智障人士，到70年代后期，英国老龄化加剧，老龄人口持续增加，英国政府把社区照顾引入老年人照顾领域，认为老年人养老的最佳场所是自己的家，要通过居家服务来给予他们必要的协助，以避免他们在应对身体衰弱和疾病的时候，不会因此与社会产生隔离。[②]老年人口占社区照顾服务的比重最大，社区照顾几乎成了英国老人社会服务的代名词。[③]在英国，社区照顾通常指通过非制度性的方式对老人进行照料和安置。[④]具体到社区照顾的内涵，其是指“社区中的各方面成员——家人、亲

---

① 易开刚，等．现代化养老服务业的发展战略、模式与对策研究［M］．杭州：浙江工商大学出版社，2014：12.

② 黄源协．社区照顾：中国台湾与英国经验的检视［M］．台北：扬智文化事业股份有限公司，2000：13.

③ BAGGOTT R.Health and health care in Britain［M］．New York：Palgrave MacMillan，1994：432.

④ 特斯特．老年社区照顾的跨国比较［M］．周向红，等译．北京：中国社会出版社，2002：8.

戚、朋友、邻里、志愿者和社区领袖等组成的非正式网络，协同各种正式的社会服务机构，在社区内对需要照顾的人提供服务的过程”[①]。

源于英国的社区照顾分为两种类型：一是在社区内接受照顾（care in the community）。这是指有需要并且依赖外来照顾的人，在社区内设的小型服务机构或家庭住所中接受专业工作人员提供的正式服务，此种照顾模式是从接受照顾的人群的需求出发，国家福利承担相应的照顾责任。二是由社区负责照顾（care by the community）。这种照顾服务，其一部分服务是由家庭、朋友、邻居及社区内的志愿者为其提供的，这类照顾模式强调的是动用社区内非专业人员提供的非正式服务。以上两种类型的社区照顾形式分别体现了英国政府在20世纪60年代和80年代两个时期，英国社区照顾的不同服务理念。英国社区照顾服务理念实现由在社区内接受照顾向由社区负责照顾的转变，是“英国政府自20世纪70年代后，为了解决福利国家来自财政、经济、政府科层及合法化危机，而实行的一套削减福利的有效方法，可以节省照顾成本，减低政府的福利责任”。[②]

对养老服务而言，社区照顾有助于弥补家庭照顾和机构照顾的不足，构建一种适合现代社会发展的、更具人性化的养老服务供给模式。社区照顾不同于机构照顾，机构照顾虽然有其专业优势，但它需要大量的财力支持，并且使受照顾者不得不牺牲他最为熟悉的家庭和邻里环境，从而对生活产生失落感。社区照顾也不同于传统的家庭养老服务供给模式，它不单单依靠家庭成员提供服务或者是守望互助的邻里互助，而是在社区的基础上整合社区关系网络中的各方资源，包括将专业性的机构引进社区提供服务等。[③]

与其他照顾方式比，社区照顾在以下方面体现出鲜明的特点：[④]

（1）长期照顾。随着全球人口老龄化、高龄化程度的加深，身心健康欠佳、需要照顾的老人数量增加，而且他们中患慢性病、致残率的比重升幅加大，这些老人临终前一般需要较长时段的照顾期，对他们的照料强度、难度显而易见。而现代社会呈小型化、核心化趋势的家庭养老功能却日渐式微，与上述殷切的长期照顾需求相悖，社区照顾主体正是这些需长期照顾者，当然，并非每位有此需求者都可以进入社区被照顾者行列。

（2）去机构化。如果上述所说的社区照顾的长期照顾特色主要针对家庭照顾而言，去机构化针对的则是机构式照顾。20世纪60年代，机构照顾受到人们日益广泛的批评，它被指责无人性，人们呼吁老人应当回归属地，在家、在社区“家庭

---

① 钱宁．社区建设中的社会工作探索［M］．昆明：云南民族出版社，2002：101.

② 徐永祥．社区工作［M］．北京：高等教育出版社，2004：10.

③ 冯晓娟．以社区照顾理念发展农村养老服务事业［J］．重庆师范大学学报（哲学社会科学版），2014（3）：87-88.

④ 李伟峰，梁丽霞．社区照顾理论及其在中国的实践问题［J］．济南大学学报（社会科学版），2008（1）：13.

式”的情景中接受照顾，从而催生了社区照顾模式的兴起。社区照顾强调非机构取替院舍照顾，即便是机构照顾也应当规避全控机构形式，提供开放性、弹性、灵活的照顾服务。

（3）重视发挥非正式资源的作用。社区照顾支持一切照顾资源、社会支持网络参与到照顾者的队伍中。与机构等正式照顾相比，社区照顾更看重非正式照顾。它极力鼓励被照顾者的血缘、地缘和业缘等非正式关系群。正如有人指出的，家庭护理和家庭支持等形式是社区照顾的核心。[①]其中缘由当然与抑制正式照顾所需高昂成本有关，但非正式照顾内在的优势也是不可忽视的因素。在非正式照顾网络中，照顾者与被照顾者固有的感情使二者容易互动，所提供的照顾、服务更具人性化和针对性。事实上，上文所说的目前社区照顾由在社区内照顾向由社区负责照顾方向转移即是照顾服务者由正式部门向非正式部门的转移。据估计，西方工业化国家绝大部分照顾（75%～80%）由非正规照顾者即家人、朋友、邻居提供。[②]如在意大利，家庭提供了老人所需服务的74%；德国的家庭照顾贡献更是高达80%。[③]当然，强调非正式照顾并非排斥正式照顾，社区照顾强调二者的配合。

（4）倡导以需求为导向的服务。机构照顾被谴责非人性的一个主要方面在于它以可用资源量裁需求、削足适履，不仅如此，它提供的照顾服务程式化、千篇一律。社区照顾人本思想彰显之一便是照顾服务富有个性，它提倡依据不同老人的不同需求，尽可能从社会网络汲取资源供给多样化的服务，为被照顾者度身打造服务，使照顾服务灵活务实且为真正所需。

（5）强调被照顾老人的参与性和选择权。社区照顾的人文主义理念非常注重老人的参与和自觉。它主张被照顾者有权参与到为己服务照顾的全过程中，包括制定、执行、评估。此外，为提高整个服务的效率，避免照顾供非所需，社区照顾还尊重老人的选择权，认为老人对所提供的照顾服务有最终决定权，他可以选择自己满意的照顾方式。总之，社区照顾要求照顾者充分尊重被照顾者的意愿，指导其恰当地处理照顾服务与被照顾老人的不兼容性。

（6）成本低廉。社区照顾发起的重要背景之一是福利国家出现的所谓福利危机。人口的老龄化、高龄化要求政府必须支付日益膨胀的福利开支，而机构照顾的昂贵成本更使持续低迷的经济雪上加霜。为应对危机，西方国家倡导福利多元化。作为控制公共支出的主要措施，西方国家普遍推行社区照顾，将资金转移到为老年人特别是残疾老人服务的家庭和社区照顾，鼓励非正式组织的参与。

总之，社区照顾模式具有鲜明的特点。从这些特点中，我们可以清楚地发现社区照顾所饱含的人本主义价值诉求，它通过发展非正式照顾，弥补、矫正正式照顾

---

① 特斯特．老年社区照顾的跨国比较［M］．周向红，等译．北京：中国社会出版社，2002：95.
② 特斯特．老年社区照顾的跨国比较［M］．周向红，等译．北京：中国社会出版社，2002：11.
③ 特斯特．老年社区照顾的跨国比较［M］．周向红，等译．北京：中国社会出版社，2002：107.

的缺陷与偏差，在合理分配资源和重新分配资源的基础上，依靠社区自身力量，发挥社区网络的作用，以民主和参与的精神发展社区照顾事业，使受照顾者的权利、尊严得到体现，需要得到满足，价值与人格得到尊重。[①]可见，社会角色的激发、增权、正常化是这一人文主义理念的具体注解。

2.社会嵌入理论

社会嵌入理论有着自己的思想源头，早在19世纪末，德国哲学家理查德·阿芬那留斯（Richard H.Avenarius）就曾提出过关于将某种特定物体镶嵌于另一更大物体之中的学说[②]。在嵌入性学说的理论延展进程中，马克斯·韦伯及帕森斯等著名思想家都曾在其经典著作中提及社会关系网络问题，认为制度性建构的有效性必须根植于特定的文化传统之中。新经济社会学家更是直接从嵌入性角度出发，指出人类行为的制度主义传统对任何一种新生事物的落地、生根和发芽无不具有发生学意义。最早在理论上明确提出“嵌入性”概念的学者是卡尔·波兰尼（Karl Polanyi），他在1957年从实体主义出发，阐明了特定行为在社会中被制度化何以可能以及经济行为是如何被嵌入到社会关系之中的，强调了嵌入性是新兴行为得以合理运行的保障。波兰尼敏锐地发现了特定行为与社会结构的内在联系，确信人类行为的不同状态无不散布于制度性的网络关系之中，人类行为要真正发挥出强大的功能，就必须将分散的行为融合为具有连续性和稳定性的统一化机制。[③]

尽管波兰尼为嵌入性理论的提出和发展做出了里程碑式的贡献，但其处于边缘状态的学术主张一直未能成为学术界的主流，嵌入性理论真正引起经济社会学界的广泛重视，作为新经济社会学的一个研究范式，则是始于1985年马克·格兰诺维特（Mark Granovetter）做出的批判性和发展性研究。格兰诺维特认为：任何个人都不是孤立的，都是嵌入在特定社会结构和关系网络中的，借助特定的社会关系网络获得包括信息、情感、服务等方面的种种资源，取得广泛的社会支持。[④]在这一过程中，既要谨防社会化不足，也要反对过度社会化，要在个体与社会结构之间融合互动，寻找一种动态的平衡。格兰诺维特还强调指出：“行动者既不可能脱离社会背景采取行动、做出决策，也不可能是规则的奴隶，相反行动者在具体的动态的社会关系制度中追求目标的实现。”[⑤]社会嵌入理论的运行结构如图1-3所示。

① 钱宁. 社区照顾与中国社会福利制度的改革［J］. 中国青年政治学院学报，2002（4）：94-99.
② 辞海编委会. 辞海［M］. 上海：上海辞书出版社，1999：2138.
③ 王瑞华. 从嵌入性理论看中国社会工作的专业化战略［J］. 河南师范大学学报（哲学社会科学版），2011（5）：103-104.
④ 王建民. 嵌入性与中国社会的伦理场域［J］. 晋阳学刊，2006（1）：33-38.
⑤ FIURGESS E W.Aging in western societics［M］. Chicago：University of Chicago Press，1960：10.

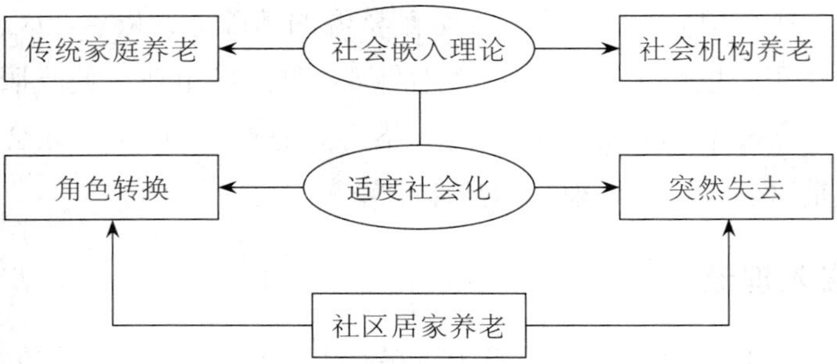

图1-3 社会嵌入理论运行结构图

一个人的一生是一个不断社会化的过程，老年人亦不例外。他们将面临着由劳动者向被供养者、决策者向平民、父母向祖父母、工具向情感等一系列角色的转换。而这种转换呈现出一种衰退的态势，容易诱发老年人失落、焦虑、孤寂等心理问题。除此之外，老年人还将面临众多难以预料的“突然失去”，如亲友的辞世、健康的丧失、子女情感支持的突然失去等。面对这些突发性的新问题，需要广大老年人积极地根据变化了的环境学习新角色、适应新生活。而社区居家养老以社区为依托，并未脱离老年人熟悉的生活环境，可以为老年人再社会化提供一个很好的平台。①

3.福利多元主义理论

在对福利国家制度此起彼伏的批判声中，近年来，西方社会福利理论进入了价值多维的发展时期，福利思想流派纷呈。其中，福利多元主义理论于20世纪70年代兴起并在社会福利领域中占据了主要地位。在西方社会福利领域中，福利多元主义主要是指福利的责任由不同的部门分担，减少政府干预，强化市场、家庭和社会团体的作用。②

最早提出福利提供者多元化观念的是蒂特姆斯（R. Titmuss），其在《福利的社会分工》一文中提出，社会福利由三种提供体系相互配合、维持运作，即社会福利（social welfare）、财税福利（fiscal welfare）和职业福利（occupational welfare）。③福利多元主义（welfare pluralism）一词最早见于1978年英国《志愿组织的未来：沃尔芬登委员会的报告》，该报告指出，社会福利应维持多元体系，志愿组织应改善与扩张。④而率先对福利多元主义概念进行系统性讨论的是约翰逊（N. Johnson），在其代表作《转变中的社会福利：福利多元主义的理论与实践》一书中，他指出，不应视政府为提供集体福利的唯一来源，除政府以外，还有三个来源，即非正式部

① 李翔. 社会嵌入理论视角下城市社区居家养老问题研究［J］. 广西社会科学，2014（4）：132.
② 陈雅丽. 城市社区服务供给体系及问题解析——以福利多元主义理论为视角［J］. 理论导刊，2010（2）：13.
③ TITMUSS R.The social division of welfare［M］. London：George Allen & Unwin，1958：34－43.
④ WOLFENDEN.The future of voluntary organization：report of the Wolfenden Committee［M］. London：Croom-Helm，1978.

门、志愿部门和商业部门。约翰逊将社会福利资源分为四部分：其一，公共部门（public sector），即各级政府与公共政策所提供的间接或直接福利；其二，非正式部门（informal sector），即由亲属、朋友和邻里所提供的社会和医疗服务，也就是社区照顾与家庭照顾；其三，志愿部门（voluntary sector），主要包括邻里组织（neighborhood organization）、自助或互助团体（self-help or mutual-aid groups）、提供服务的非营利机构及压力团体（pressure groups）、医疗或社会研究团体、协调资源的中介组织等；其四，商业部门（commercial sector），即企业所提供的职业福利和市场上的购买服务。约翰逊认为，对于不同的福利项目，有时会以政府提供为主，有时会以私人市场为主，有时则以其他福利来源为主，这将依据福利项目的特性而定。①

一些学者引用了约翰逊提出的福利多元主义概念，并将志愿部门改称为第三部门或非营利部门，泛指既非营利性的企业，也非政府机构的那些组织，认为第三部门参与社会福利既可以避免追求利润最大化与科层组织的缺失，又可以兼具市场的弹性（flexibility）和效率（efficiency）以及政府公共部门的公平性（equity）和可预测性（predictability）的优点。

福利多元主义的宗旨是福利的分散化（decentralization）和参与（participation），其最终目标是希望借由政府、非正式部门、志愿组织和市场组织的合作关系来分散和缓解财政与经济危机。总的来看，福利多元主义理论强调的是一种福利供给的多元体系，即通过福利多元结构的安排，将由国家全面提供福利的模式转变为由社会多部门综合提供福利的模式，在多部门的参与下，实现由福利国家向福利社会的转型。

为了推动养老事业的发展，我国十分注重借鉴这一理论，早在1986年民政部就提出“社会福利社会化”发展目标，主张社会福利来源多元化。近几年，随着我国人口老龄化和家庭保障功能的弱化，老年福利问题日益严峻，尤其是高龄老人、失能老人、空巢家庭老人照顾需求不断增加。依据福利多元主义理论，养老服务供给主体多元化，对社区养老服务发展具有积极意义：一是减轻政府负担。政府的责任在于做好顶层设计、建立制度规范与评估体系、必要的财政支持与监管等，而不是“全程”参与。二是提高社区养老服务质量。社区养老服务以维护社区老年人基本生活权益为出发点，满足不同层次老年人的需求，将无偿、低偿与有偿相结合，丰富服务项目、提高服务质量。三是整合养老服务资源。充分利用社区场地、有闲暇时间的人员等，开设社区老年活动中心或老年餐桌，吸引社区社会力量参与到老

① JOHNSON N.The welfare state in transition：the theory and practice of welfare pluralism［M］. Amherst：University of Massachusetts Press，1987.

年服务当中。①

4.公共治理理论

公共治理理论形成于20世纪70年代，其内涵与治理概念的基本含义有着密切的联系。公共治理是指政府、社会组织、私人部门、国际组织等治理主体，通过协商、谈判、洽谈等互动的、民主的方式共同治理公共事务的管理模式。与传统的公共行政相比，公共治理不再是自上而下、依靠政府的政治权威、通过发号施令、制定和实施政策来对公共事务进行单一化管理。它是强调主体多元化、方式民主化、管理协作化的上下互动的新型治理模式。②

研究治理理论的权威格里·斯托克（Gerry Stoker）对各种治理概念作了一番梳理后，对治理理论提出了五种主要的观点，包括：

治理意味着一系列来自政府但又不限于政府的社会公共机构和行为者。它对传统的国家和政府权威提出挑战，认为政府并不是国家唯一的权力中心。

治理意味着在为社会和经济问题寻求解决方案的过程中存在着界限和责任方面的模糊。它表明，各种私人部门和公民志愿性团体正在承担越来越多的原先由国家承担的责任。

治理明确肯定了在涉及集体行为的各个社会公共机构之间存在着权力依赖。

治理意味着参与者最终将形成一个自主的网络。

治理意味着办好事情的能力并不仅限于政府权力的运用或发号施令。

不难看出，公共治理意味着政府已经不是唯一的治理主体，治理主体呈现多样化、多元化趋势，政府与社会组织、市场以及公民个人都可以成为公共治理的主体。而且，治理权力也呈现多中心化，政府不再是唯一的权力中心，市场、第三部门等其他主体都参与管理，组成自主的管理网络，形成多中心治理模式。强调自愿、平等合作是公共治理的重要手段，是治理过程中资源共享、组织协调、有效沟通、伙伴关系形成的内在道德基础。治理意味着办好事情的能力并不仅限于政府的权力，因此吸纳各种利益相关者进入治理过程是极其重要的，同时也要求政府改变直接发号命令、运用权力等传统的领导方式，更多地发挥“掌舵”“领航”作用。③

根据公共治理理论，对养老服务业的发展来说，养老服务的各参与方均可以成为治理主体，包括政府、企业、社会组织、个人等，分别在养老服务中担任不同的角色。

---

① 刘晓静，徐宏波．社区养老服务产业化发展路径研究——基于福利多元主义理论［J］．河北师范大学学报（哲学社会科学版），2013（9）：123-124.

② 胡正昌．公共治理理论及其治理模式的转变［J］．前沿，2008（5）：9-93.

③ 丁一飞，于可红．公共治理理论对构建老年体育组织服务体系的启示［J］．浙江体育科学，2011（1）：7-8.

5.公共物品理论

公共物品是“public goods”的译文，其源自经济学的一个概念。public goods引入中文有多种译法，如“财货”“产品”“公共产品”“公共物品”等。公共物品的定义，在国内外有多种表达方式，在我国，高鸿业、吴易风教授在《现代经济学》一书中直接指出，“公共物品是私人不愿意提供或者无法提供而由政府提供的物品和劳务”。公共物品的通俗定义，按照保罗·A.萨缪尔森的说法，是指“那种不论个人是否愿意购买，都能使整个社会每一成员获益的物品”。而与之相对的私人物品（private goods），是那些“可以分割、可以供不同人消费，并且对他人没有外部收益或成本的物品”。①

萨缪尔森认为，公共物品可分为纯公共物品和准公共物品。纯公共物品是指完全具备非排他性和非竞争性特点的产品，其投入大、非营利性的特点，决定了它只能由政府生产和提供。但是准公共物品则不同，它介于政府和市场之间，既以商业交易为中心，同时又必须兼顾经济和社会因素，涉及公共交通、高等教育、医疗卫生等多个领域。

作为公共物品的一种，养老服务也涵盖了纯公共物品和准公共物品两个层次。其中，纯公共养老服务应由政府来提供，准公共养老服务可以由政府和社会、市场共同提供。此外，在养老服务领域还存在私人养老服务，主要由市场和社会来提供。②

6.社会公平理论

罗尔斯认为社会公平原则在制度的制定与执行上有着举足轻重的作用，社会中任何个体都拥有绝对不受其他任何个体和整体侵犯的权利。③

在现代社会，人们生存权、发展权必须得到充分尊重和保护，政府决策的制定与执行应当以保证社会成员的生存发展为出发点，尤其应重视贫困群众以及缺乏社会活动参与能力人员的物质条件的保证，建立健全广泛覆盖的社会保障体系，实现社会公平。这是政府的责任和社会的义务，同时也有利于和谐社会的建设。

7.社会保障理论

结合我国的国情以及我国的社会政策，原劳动和社会保障部对社会保障做出以下定义：社会保障是指国家通过立法，积极动员社会各方面资源，为生活有特殊困

---

① 高鸿业，吴易风．现代经济学［M］．北京：经济科学出版社，1990：251.
② 王细芳，王振州．城市社区养老服务体系构建研究［J］．老龄科学研究，2014（8）：47.
③ 罗尔斯．正义论［M］．何怀宏，译．北京：中国社会科学出版社，2009：85.

难的人们提供基本生活权利保障的社会安全制度，同时根据经济和社会发展状况，逐步增进公共福利水平，提高国民生活质量。[①]各国的国情、社会背景、政治文化等因素不同，对社会保障的定义也不尽相同，但各国都立足于本国实际，制定了对社会公众有益的社会保障制度。

社会保障制度的确立是构建社会主义和谐社会的必经之路，是促进社会稳定、经济发展、社会公平的有效方法。养老服务是社会保障的一个重要组成部分，根据社会保障原则安排社区养老服务的主要内容有利于养老工作的稳健推进。[②]

案例研究

远洋·椿萱茂的养老服务

远洋集团是内地在香港地区上市的地产公司，养老业务是其重点培育的主营业务之一。远洋养老运营管理有限公司于2012年正式推出高品质养老服务品牌“椿萱茂”，面向全体老年群体，提供持续照料服务，并向全国辐射推广。

据公司官方网站介绍，“椿萱茂”释义是：长寿之“椿”代表父爱，美丽之“萱”代表母爱；“茂”取自MALL的谐音，是一种国际上风行的商业业态和新的生活方式体验；其组合恰好意合中国成语——“椿萱并茂”，代表了人们对父母健康、快乐、长寿的美好祝愿。

远洋·椿萱茂早在成立之初，就积极响应党的十九大报告中提出的“积极应对人口老龄化，构建养老、孝老、敬老政策体系和社会环境，推进医养结合，加快老龄事业和产业发展”的要求，以先进的国际理念和本土化实操经验为中国养老行业创立新生活标准。选择与美国养老运营商建立长期的战略合作伙伴关系，注重在服务、运营和管理方面打造独特的专业性，以五大服务体系构建高端养老品牌及服务口碑，以专业优质的服务，实现本土化落地运营，为中国长者提供全新的高品质养老服务。

（1）乐享生活。

通过多重乐享服务体系，远洋·椿萱茂为长者塑造健康活力、社交参与和持续学习的退休生活体验，带来“文化生活、社交活动、休闲娱乐、星级住行”的尊贵享受。长者在这里得以发挥特长、学习深造、以知会友，体验新的生活乐趣和结交新的朋友，开启第二人生舞台。

远洋·椿萱茂为长者提供了学习分享的交流平台，倡导长者继续发挥自己热爱和擅长的专业，组织建立“专家讲师团”，打造生活社交平台、社团活动、长者俱

---

① 成保良．社会保障概论［M］．北京：九州出版社，2001：4.
② 陈玲玲．城市社区养老服务存在的问题及成因［J］．中国名城，2015（10）：37-43.

乐部等，建立长者社群圈，鼓励长者持续融入社会交往；提供多种休闲娱乐空间、丰富多彩的文娱活动，让长者尽情地释放自我及发展兴趣，在活动中充实自我，保持健康活力；而酒店业的服务理念、五星级的服务标准、专业适老化设计，家政、管家、代办、特殊定制等服务，为长者营造星级生活体验（如图1-4、图1-5所示）。

图1-4　生活在远洋·椿萱茂的长者享受高品质养老服务

图1-5　远洋·椿萱茂（北京亦庄）老年公寓

（2）生活照料。

结合美国和日本先进的评估体系，针对长者不同时段的身心情况和护理需求，定制专属服务方案，根据长者的不同身体状况制订个性化照护方案。

远洋·椿萱茂的生活助理团队视长者如家人，用心照料长者，营造家的氛围，给予长者亲人般的关爱。“专业护理、生活照料、康复服务”，在保证高标准专业护理的同时，通过详尽的护理计划和生活计划，促进长者身体状态不断提升，对于行动不便或被病痛困扰的长者，则将康复训练融合在娱乐活动中，使长者能在专业的服务中逐步康复，淡忘痛苦。

(3) 失智照护。

作为国际标准的专业养老服务品牌，远洋·椿萱茂致力于为失智长者及其家庭提供专业有效的照护。由远洋·椿萱茂与美国领先的失智照护运营商Meridian通力合作，为中国失智长者及其家庭提供独创的具有国际水准、国内领先的“忆路同行”照护，在业内具有较高影响力。

引入国际先进失智照护理念——认可疗法。认可疗法是一种与丧失定向力的人沟通并帮助他们的方法，这种切实可行的做法有助于减轻压力，提升自尊与幸福感。在目前有效针对失智症的非药物治疗中，认可疗法实践经验和小组认可疗法的研究成果在国际上得到普遍认可。此外还引进并运用音乐疗法、园艺疗法、芳香疗法、人生回想法、宠物疗法等多种国际先进失智照护理念，为入住的失智长者服务，让每位长者在这里获得归属感，感受爱和人生的意义。

(4) 健康管理。

健康管理对老年群体尤为重要。远洋·椿萱茂全维健康体系包括健康管理服务平台、健康运动中心、心理咨询服务，通过“健康养生、健康运动、心理支持”等方式全方位调节长者身心，持续有效保障健康，通过“防”“养”结合的方式，提升长者的健康状态。健康管理制度的建立，无疑使远洋·椿萱茂在高端养老产品软实力的竞争上更胜一筹。

(5) 科学膳食。

远洋·椿萱茂制定专门的科学膳食，实现“菜品多元化、用餐形式多元化、原材料季节化、产品特色化、食品安全化、营养均衡化、服务人性化”。专业营养师制定每餐的分量及营养搭配表，确保营养均衡、科学饮食，饮食营养质量的提高，有利于改善记忆力，提高抵抗力，保持身体健康，推迟衰老的到来。

(6) 适老设施。

远洋·椿萱茂面向全龄老年群体，以给予长者持续照料为已任，定制长者生活乐园。在椿萱茂的各个产品线（老年公寓、照料中心、长者社区）中，根据长者的生理特点及生活习惯，不仅在硬件设施、园林景观方面采用大量适老化设计，在生活服务设计中，更是根据长者的状态打造乐享365服务体系，为长者提供精神与物质生活充盈的生活乐园（如图1-6所示）。

图 1-6　远洋·椿萱茂内部硬件设施

远洋·椿萱茂在康养景观适老化设计上坚持以下六个原则：

①保障老人使用安全。康养景观设计（材料运用、设施建造、老年心理安全细节推敲）必须满足最基本的安全保障。从路面的宽度、扶手的设计、地面防滑材料的运用到场地倒圆角的处理与物品的固定，设计者从设计原则、整体布局到精细化细节设计为老年人的活动保驾护航。

②支持老人独立生活。通过适老化设施和无障碍设计支持老年人独立生活，减少对子女的依赖和成为社会负担的可能，提高独立生活的质量，并保持自由的生活状态。

③加强老人领域感受。失去控制导致的抑郁会对身体的免疫系统产生负面影响。因此，景观必须多样化，适宜独处也方便聚会，享受阳光也可遮阴纳凉，有开阔的视角也有方寸的景观，道路系统向四面八方延伸，从而巧妙地增强老年人对花园景观的整体控制能力。

④引导老人回归自然。植物、阳光及水体等自然元素可以缓解压力、降低血压，可释放人体所需要的负离子等，为老年人创造自然生态的保健景观。

⑤鼓励老年人锻炼活动。针对老年人运动能力下降、身体机能衰退的现状，营建具有便捷性的多样化活动场地，还考虑到不同年龄和动静分区的差异空间场地，为老年人提供多功能和多场地的户外活动空间。

⑥留存老人文化记忆。针对老年人的心理需求，挖掘场地精神文脉，艺术化地对景观进行处理，通过叙事怀旧、美好记忆、文化传承三大方法为老年人打造能够实现自我的景观。

远洋·椿萱茂充分考虑老年人的实际需求，通过精细化的设计，为新时代的老年人创造健康、快乐、安心、有尊严的社区生活。

思考与讨论：

（1）远洋·椿萱茂的养老服务有哪些特点？

（2）远洋·椿萱茂的养老服务设施设计遵循了哪些原则？

（3）远洋·椿萱茂的养老服务体现了怎样的养老服务理念？

（资料来源：Arsenault R. 中美养老地产合作运营策略——以远洋·椿萱茂的养老服务体系构建为例［J］. 城市住宅，2017（11）：21-26；贺晓波. 上海椿萱茂江桥养老公寓景观设计［J］. 园林，2019（2）：26-31.）

第二章　居家养老服务创新发展

积极培育居家养老服务。养老机构、社区养老服务机构要为居家养老提供支撑，将专业服务延伸到家庭，为居家老年人提供生活照料、家务料理、精神慰藉等上门服务，进一步做实做强居家养老。全面建立居家探访制度，通过购买服务等方式，支持和引导基层组织、社会组织等重点面向独居、空巢、留守、失能、计划生育特殊家庭等特殊困难老年人开展探访与帮扶服务。探索设立“家庭照护床位”，完善相关服务、管理、技术等规范以及建设和运营政策，健全上门照护的服务标准与合同范本，让居家老年人享受连续、稳定、专业的养老服务。有条件的地方可通过购买服务等方式，开展失能老年人家庭照护者技能培训，普及居家护理知识，增强家庭照护能力。

——民政部《关于进一步扩大养老服务供给 促进养老服务消费的实施意见》

（民发〔2019〕88号）

随着人口老龄化进程的不断加快，全世界对老龄化问题的关注度日益提高，我国的人口老龄化问题尤其突出。居家养老是解决人口老龄化问题的有效途径，也是今后我国养老服务体系建设的重点和发展方向。[①]

① 洪艳. 政府购买居家养老服务的模式研究［D］. 上海：华东师范大学，2010：1.

一、居家养老服务的概念

1.居家养老服务的提出

从20世纪90年代后期开始，我国政府就针对日益凸显的养老问题先后提出过多种养老模式，包括家庭养老、社会养老、机构养老和居家养老。一方面，家庭结构小型化导致家庭养老功能弱化；另一方面，机构养老在成本、管理方面仍存在缺陷。政府综合考虑我国“未富先老”“未备而老”的老龄化特征、现阶段社会生产力发展水平、传统家庭观念、老年人心理需求等诸多因素后，最终确定老年人在家中居住、由社区和社会为其提供养老服务的社会化养老模式——居家养老，是适应我国国情的养老形式。①

全国老龄办《关于全面推进居家养老服务工作的意见》（全国老龄办发〔2008〕4号）指出，“居家养老服务是指政府和社会力量依托社区，为居家的老年人提供生活照料、家政服务、康复护理和精神慰藉等方面的一种服务方式；它是对传统家庭养老模式的补充与更新，是我国发展社区服务，建立养老服务体系的一项重要内容”。这是对居家养老服务较为明确的官方界定。通过对文件的解读，不难发现，居家养老服务主要就是通过在社区普遍建立居家养老服务机构、服务场所和服务队伍，通过整合各类社会资源，以多种方式充分调动社会力量积极参与和支持，使居住在家中的老年人能够享受到购物、陪护、配餐、家庭清洁、疾病预防、康复护理、心理健康、精神慰藉等各类日常生活所需的照顾服务，从而实现“老有所养，老有所乐，老有所医，老有所学”。可见，作为一项系统性的养老服务工程，居家养老服务的实施需要整合及协调社区、民间组织、企业及辖区单位、志愿者组织等各类社会资源，建立老年人的社区支持网络，开展各类为老服务，从而为老年人提供更加便捷的服务。②

经过多年探索，我国一些社会发展水平较高的大中城市形成了具有地方特色的居家养老模式（见表2-1）。③

居家养老作为一种以家庭为核心，以社区为依托，以专业化服务为依靠，为居住在家的老人提供生活照料、医疗护理、精神慰藉和解决日常生活困难的社会化养老服务，是一种不脱离家庭亲情，既有别于传统家庭养老，又不同于机构养老的新

---

① 张仁枫. 我国居家养老存在的问题和对策研究［J］. 江苏经贸职业技术学院学报，2016（5）：31-35.

② 黄春梅. 福利多元主义视角下居家养老服务的问题及对策解析［J］. 社会福利，2018（5）：3-7，13.

③ 张仁枫. 我国居家养老存在的问题和对策研究［J］. 江苏经贸职业技术学院学报，2016（5）：31-35.

表2-1 **我国各地特色居家养老模式**

城市	模式	主要特点	优势	不足
上海	市场化运营	①居家养老服务市场化购买 ②评估老年人刚需，政府承担“因类而异” ③分级服务代金券抵偿	①实施效率高 ②优势资源整合和资金投入到位	①等级不同服务不同，缺乏公平性 ②强调市场化，缺乏稳定性
宁波	依托非营利组织	①政府向非营利组织购买居家养老服务，由组织负责 ②“走进去”：上门提供服务 ③“走出来”：老人进入社区享受服务	吸引社会力量，减轻政府负担	①缺乏政策指导和监督 ②发展缓慢 ③市场利用率和社区资源整合率不高
青岛	社区主导	①居家养老服务依托社区，由政府补贴 ②以规章制度确定居家养老标准化服务	基层政府组织和社区辐射作用得以发挥	对市场准入机制和政府购买服务缺乏规范化管理
大连	家庭主导	①家庭养老院，由政府补贴 ②培训下岗职工，建立标准护理队伍	①居家养老，缓解机构床位压力 ②促进就业	①未发挥社区和市场作用 ②缺乏社会力量引导 ③社区资源整合率不高

型社会养老模式，这种养老模式被许多学者称为“没有院墙的养老院”。[①]其实，居家养老概念与过去常讲的家庭养老概念是不同的。居家养老是一种以家庭生活为基础、以社区生活为依托、自助与互助相结合、开放型的养老生活方式。比较而言，家庭养老是一种封闭型的养老生活方式。在我国现阶段居家养老更能满足日益增长的养老群体需求。[②]

2.居家养老服务的内涵

从居家养老的概念出发，居家养老服务具有如下内涵：

（1）服务场所。居家养老是一种以家庭为核心的养老模式，这是它最本质的特征，是居家养老区别于机构养老的关键所在。

（2）服务对象。居家养老的服务对象是居家的老年人或失能老年人，服务场所是老年人自己的家中。

① 陈习琼．云南省人口年龄构成、老龄化空间分异及优化对策［J］．中国老年学杂志，2018，38（6）：513-518.

② 韩济阳．我国居家养老服务存在的问题及建议［J］．知识经济，2018（1）：24-25.

（3）服务前提。对居家环境中老年人卫生保健需求的有效评估，是提供居家养老服务的前提。

（4）服务内容。居家养老的服务内容是为老年人提供基本照顾并满足其卫生保健需求，在医疗辅助、健康管理、个人照料、精神慰藉、预防、财政、经济等方面予以支持。

（5）服务形式。居家养老的服务形式包括正式照护和非正式照护。这些老年人所需要的服务主要由社区来提供，老年人在生活照料、医疗健康以及心理等方面的问题都由社区内相关的机构来解决，这也是居家养老不同于家庭养老的地方。可见，居家养老是家庭养老与社区服务的有机结合，是依托社区、以社区的机构与设施为基础，把社区养老服务延伸到家庭的一种社会化养老模式。

（6）服务目的。居家养老的服务目的在于提高老年人的独立自主能力，提高老年人及其家庭的日常生活能力，控制和降低老年人的失能水平，改善老年人的生活质量，管理健康资源和社会资源。

3.居家养老的相关概念辨析

（1）居家养老与长期照护。居家养老和长期照护（long-term care，LTC）的共同点在于服务目的均为提高服务对象的独立自主能力。不同点表现在三个方面：

① 服务场所不同：长期照护的服务场所多样，包括接受照顾者的家中、接受照顾者的朋友或家庭成员的家中、成人日间服务中心、辅助生活设施、安养院、护理院等。居家养老的服务场所是接受照顾者的居住场所。

② 服务对象不同：长期照护的服务对象包括脆弱、失能老年人，以及出院后“亚急性”病人，其服务对象包括老年人但不单指老年人。居家养老的服务对象是居家的老年人或失能老年人，其中也包括健康老年人。

③ 服务内容不同：长期照护提供健康、社会、居家、转运及其他方面的支持服务，包括居家养老的服务内容。因此，从某种意义上可以说，居家养老是长期照护的组成部分，是长期照护表现形式的一种。

（2）居家养老与家庭照护。居家养老和家庭照护的服务场所相同，都是以接受服务者的居住场所为主。二者的不同点表现在两方面：

① 服务对象不同。家庭照护是老年人照护的首要形式，其不只是针对老年人，面对的是全社会，家庭照护的服务对象是患有严重的疾病综合征、身体功能失能、慢性精神功能障碍等的人；居家养老的服务对象是居家的老年人或失能老年人，其中也包括健康老年人。

② 服务内容不同。家庭照护的服务内容包括基本的医疗护理服务、个人照料、情感和社会支持等，以非正式照护为主；居家养老服务在医疗辅助、健康管理、个

人照料、精神慰藉、预防、财政、经济等方面予以支持，包括正式照护和非正式照护，更多的是强调专业人员的参与。居家养老和家庭照护的服务内容不同的原因主要在于二者的服务提供者不同。

此外，家庭照护是长期照护的重要组成部分。可以这么理解，家庭照护和居家养老都是长期照护的组成部分，是长期照护的表现形式。①

综合起来，居家养老服务的概念是指在老年人自己家中，通过对老年人卫生保健需求的有效评估，由正式照护者和非正式照护者为老年人提供基本照顾并满足其卫生保健需求，在医疗辅助、健康管理、个人照料、精神慰藉、疾病预防、财政经济等方面予以支持的连续、统一的服务体系，目的在于控制和降低老年人的失能水平，改善老年人的生活质量，提高老年人的独立自主能力，提高老年人及其家庭的日常生活能力，管理健康资源和社会资源的一种新的社会化养老模式。

二、居家养老服务兴起的根源及优势

1.居家养老服务兴起的根源

居家养老方式的出现，是人们基于传统家庭养老功能的弱化和社会化机构养老的缺陷而做出的新的养老选择，其存在的根源有两个方面：②

（1）单靠机构养老已无法解决我国的养老问题。从理论上讲，养老院等机构养老具有比较优势和规模效应，它通过适度集中养老，实现养老资源的有效组合与优化配置，并由此减轻养老负担，提高老人生活质量。然而，由于我国人口老龄化的最大的特点是“未富先老”（世界上大多数发达国家进入老年型社会时，人均国内生产总值一般在10 000美元以上，而我国在进入老年型社会时，人均国内生产总值仅在1 000美元左右），加上我国社会保障制度还不完善，这就决定了在我国机构养老不可能是解决养老问题的良策。③

（2）传统的家庭养老模式已不再适应时代的要求。20世纪80年代后期至90年代初，随着计划生育的推行和家庭意识的变化，独生子女增多，家庭人口平均数量逐渐下降，家庭构成呈现小型化趋势，而且这种趋势仍在延续。这就使得照顾老人的人手（子女）减少，一对夫妻赡养四个老人的情况更加普遍，加之青年一代的生存竞争加剧，女性就业率提高，青年夫妇没有足够的精力和时间照顾老人，从而造成了家庭养老功能的弱化。同时，“代际倾斜”现象在许多家庭普遍

① 娄方丽，尚少梅，金晓燕．居家养老与长期照护、家庭照护之概念辨析［J］．护士进修杂志，2013（3）：463-466.

② 王健．关于居家养老及其服务的思考［J］．江苏经贸职业技术学院学报，2010（5）：25-26.

③ 王波．居家养老：问题与模式创新——以上海亲和源老年公寓为例［J］．华东理工大学学报（社会科学版），2009（4）：95.

存在，青年夫妇“重幼轻老”，他们对子女的关心远超过了对老年父母的关心，这对老年人的生活和心理都产生了负面影响。因此，传统的家庭养老模式已不再适应时代的要求。[①]

2.居家养老服务的优势

居家养老作为一种新型的养老模式，符合我国传统的养老理念，符合现阶段传统社会向现代社会转型的中国社会特点，所以受到社会的普遍认可和各级政府的重视。居家养老服务具有以下优势：

（1）符合愿望，满足需求。居家养老能够满足老年人家庭情感依归的需求。居家养老以家庭为核心的本质特征，符合我国老年人的愿望和心理要求，为老年人所普遍接受。“家”在中国人的心目中具有神圣的地位，对于中国老年人来说，生活了一辈子，家熟悉而又亲切。让老人离开家，离开亲人的陪伴，独自到养老机构度过晚年，多数老年人在心理上是无法接受的。居家养老作为一种新型的养老模式，使老人在自己的家中就能享受到社会化的服务，符合中国人“叶落归根”的传统观念；居家养老没有改变老年人多年的生活环境和生活习惯等，也维系了老年人原有的社会关系网络，满足了老年人“恋家”的情感需求，使老年人精神上不会感到孤独和寂寞，所以能为大多数老年人所接受；此外，居家养老也符合中国传统文化中尊老孝亲的思想和尊老为本、敬老为先的观念，老年人在家中颐养天年，符合老年人的愿望，满足了老年人情感上的需求。

（2）分解压力，减少负荷。随着我国经济社会的不断发展，社会转型和人口结构的变化导致传统家庭养老方式受到了前所未有的冲击。人们生育观念的改变和我国计划生育政策的施行也使得独生子女和丁克家庭出现，普遍存在的“421”的家庭结构使家庭核心主体的养老压力不断增大。居家养老可以分解家庭成员的压力，减少家庭成员的养老负荷。从居家养老服务的供给主体看，老人除了接受家庭成员提供的服务外，更多的是接受来自社会化养老服务机构和社区的照顾，足不出户即可享受生活照料和精神慰藉等服务。这样既满足了子女孝敬父母的道德情感需要，又可以让家庭成员有更多的时间来工作、学习，减轻了家庭成员的生活压力。

（3）整合资源，节约成本。目前我国社会保障体系还不够健全，特别是在养老服务体系建设上与西方发达国家还有较大的差距，这直接导致了我国机构养老无法满足庞大的老年人口的需求。有关数据显示，截至2011年年底，我国平均1 000名老人仅拥有17张床位。在居家养老模式中，老年人居住在自己家里，家中所有的物品都能得到有效的利用。自有的住房、家具、生活用品等物质资源能够

① 林娜．社区化居家养老论略［J］．中共福建省委党校学报，2004（12）：32.

为老年人的生活提供方便，这样大大节约了机构养老所需要的基础设施投入成本。

我国大部分居家养老方式属于社区服务型养老方式，所提供的服务因家庭经济状况而定，家庭经济条件稍好的可以选择更多一些的服务，条件稍差的可以少选择一些服务。由于社区服务型居家养老费用较低，即使经济状况不好也能享受到最基本的服务。

此外，居家养老还能整合人力资源，节约社会人力资本。许多居家养老机构中的服务人员都是年纪稍长，但是身体健康的低龄“老人”，这样就能使年轻人从养老事务中解脱出来，在更能发挥自己优势和特长的岗位工作。

（4）促进就业，发展社区。居家养老可以提供就业岗位，调动社区的闲置资源，使失业者特别是社区大龄妇女得以再就业，是一种“具有创意的就业新形式”。在居家养老过程中，社区作为老年人生活的“第二空间”，既能充分发挥优势，充分利用社区资源，有针对性地开展老人服务项目，又能调动居民的积极性，加强社区老人照顾，减轻政府负担，提高老年人的生活质量，促进社区自身的建设和发展。

三、居家养老服务的方式

居家养老的服务方式至少包括如下四种：[①]

1.政府购买服务方式

福利多元主义认为，政府应该逐渐从社会福利服务领域中撤离，将福利由政府转移至民间，从中央下放到地方，由单一的服务提供方式转变为组合式的服务提供方式。受福利多元主义和西方国家福利制度改革的影响，20世纪70年代末期以后，我国社会福利供给的模式开始从“国家单位”向“国家社会”转变，过去的社会福利由国家和集体统一供给的状况，正在逐步发生改变，社会力量积极参与提供各类社会福利服务，日益成为我国社会福利事业发展的重要力量。《关于全面推进居家养老服务工作的意见》明确指出，各级政府应转变职能，研究制定社会力量参与社会福利事业的各项具体措施，逐步加大资金投入，创造条件，吸引社会力量参与和投资创办居家养老服务机构；在条件允许的情况下，部分地区可以通过设立专项资金，联合开发各类养老服务专项项目，使居家养老服务更符合当地特色，积极促进居家养老模式的本地化和本土化。可见，通过政府购买的方式提供居家养老服务，

① 黄春梅. 福利多元主义视角下居家养老服务的问题及对策解析［J］. 社会福利，2018（5）：3-7，13.

是我国社会福利事业改革的一个必然选择。政府通过市场机制，把一部分社会福利服务，按照相关法律和制度规定的方式和程序，交由具备资质和符合条件的社会力量来提供，而政府则根据服务的数量和服务质量向社会力量支付相关费用。通过政府购买服务的方式，可以更好地提供有针对性的服务，有效回应不同群体老年人多元化的养老需求。比如，部分地区推行助老服务券等形式，特殊困难老人可以通过政府发放的助老服务券，自主选择由不同的服务主体提供的居家养老服务项目。

2.社会组织服务方式

实施居家养老的一个重要保障措施，就是要积极培育和大力发展居家养老服务组织。《关于全面推进居家养老服务工作的意见》指出，“按照政府职能转变以及与企业、事业、社团分离的原则，对居家养老服务中能够与政府剥离的服务职能都要尽可能交给社会组织和非营利机构去办，交给市场和企业去办”。可见，社会组织参与服务提供，是居家养老的一种重要服务方式。作为政府部门，要积极创造各种条件，大力培育和鼓励成立各类居家养老服务的专业性社会组织、团体或机构，同时倡导有关单位、社会团体、中介组织等社会力量积极参与居家养老服务，积极发挥为老服务的作用。

3.社区专项服务方式

这一方式主要是依托社区，通过设立托老所、日间照料中心、老人食堂等项目，开展多种形式的居家养老专项服务，以更好地满足老年人多元化及个性化的需求。

4.志愿者服务方式

志愿者服务是居家养老的重要服务方式。早在1999年，约翰逊就提出了志愿组织在福利提供上发挥着重要作用。开展居家养老服务，离不开各类居家养老服务组织的积极参与，因此，必须大力鼓励、支持和发动本社区及其他社区的志愿者为有需要的老人提供多种形式的居家养老服务，特别是为空巢、高龄、病残老人提供服务。此外，还要在社区中积极倡导邻里间的互帮互助活动，定期或不定期为居家老人提供服务，营造互帮、互助、互爱和尊老、敬老、爱老的社会氛围。

四、居家养老服务创新发展的对策

尽管居家养老有诸多的优点，但由于我国社会主义社会尚处于初级阶段，进入老龄化社会的周期非常短，养老服务业发展滞后，社会的养老意识落后等，居家养老服务存在着城乡发展不均衡、服务设施建设水平滞后、服务内容与方式单一、供需结构性矛盾突出、市场化运作机制尚未形成、服务队伍建设滞后、从业人才缺口较大、社区老年人参与热情不高、现代科技在居家养老中的应用有限、有关部门对服务规范的指导不足等问题，居家养老服务亟待创新发展。

1.加强顶层设计，建立健全居家养老服务政策法规体系

居家养老服务是一项系统化工程，要想推动居家养老服务的快速健康发展，首先，必须从国家层面加强和完善居家养老服务的顶层制度设计，出台一系列与居家养老服务有关的配套政策制度，积极探索老年人的长期护理保险制度，不断提升养老服务供给能力。其次，各地方政府要结合本地实际情况制定切实可行的居家养老服务规划，整合资源，出台相关具体政策给予保障。同时，也要将本地的养老服务规划纳入社会经济发展的总体规划中，进行统筹安排，有序推进。最后，要建立居家养老服务多元主体供给联合机制，促进养老服务资源的协调、合作与资源共享，有效平衡政府、非正式部门、志愿部门和商业部门之间的关系，使各部门能够在各自的范围内有效地各尽其职，发挥功效，从而使福利网络结构更稳固，更好地提供养老服务。①

2.调整工作思路，促进城乡居家养老协调发展

我国各地区居家养老发展不平衡的原因归根到底是区域间经济发展不平衡。解决这一问题的根本途径是坚持以经济建设为中心，发展社会生产力，推动区域经济协调发展。与农村相比，经济发展水平低的城市具有一定的经济和社会服务基础，可以开启互助模式。小城市由拥有居家养老成功经验的大中城市带领，作为试验对象，结合自身的实际情况和发展特点，逐步推行适宜本地区的居家养老政策和模式。其间所积累的新经验反馈到大中城市，使大中城市居家养老体系更加完善。针对部分地方政府执行力不强的情况，则需要国家适当干预。可以适当调整农村工作思路。一要促进城乡公共服务资源均衡配置，加强农村基础养老服

---

① 黄春梅．福利多元主义视角下居家养老服务的问题及对策解析［J］．社会福利，2018（5）：3-7，13.

务设施建设。二要结合生态养老理念。农村具有优美舒适的环境，是老年人的绝佳去处。政府可以通过对农村环境的适当整治，建设美丽宜居乡村，同时，与农村分享城市居家养老服务资源，在农村设置城市养老机构，作为城市居家养老体系的补充。①

3. 积极拓展养老服务资金来源渠道，发展养老金融事业

目前，我国城市社区居家养老发展过程中面临的主要困境是缺乏稳定的资金支持。为确保其顺利发展，有必要积极拓展资金来源。目前，我们可以从四个方面入手：一是加大财政投入；二是增加社会力量的注入；三是加强资金运作的监管；四是积极发展养老金融事业。

（1）政府投入方面：政府要发挥主导作用，加强对居家养老资金的投入，并且要根据每年实际情况加大财政投入比例。同时国家还可以为支持居家养老的组织与机构提供优惠政策，减少其日常的税收等，以此吸引更多的社会力量参与养老建设。

（2）社会投入方面：要因地制宜、千方百计地吸引社会资金流向居家养老服务领域。同时积极调动所辖社区内的企业、社会组织的积极性，使其提供更多的资金支持。

（3）资金监管方面：加强资金运作的监督管理，必须掌控资金的流动方向，以免被不正当挪用或出现贪腐现象。养老服务资金务必做到专款专用，实现透明运营，自觉接受公众监督，同时积极接受相关部门定期检查，争取把有限资金的经济和社会效益发挥到最大。②

（4）积极发展养老金融事业：金融是经济的核心，可以对经济发展和社会消费起到杠杆作用。作为第三产业的重要组成部分，居家养老服务业理应通过金融服务的杠杆作用实现市场化，从而拓宽资金来源渠道，减轻政府的压力。在“未富先老”的国情和全面深化改革的背景下，养老的资金应该更多地来源于市场和社会，通过市场和社会筹集养老资金是大势所趋。应鼓励民间资本积极投入社会养老事业，积极培育和发展住房反向抵押贷款、养老保险等养老金融产品。③

4. 理顺居家养老工作运行机制，合理定位居家养老服务内容及模式

《“十三五”国家老龄事业发展和养老体系建设规划》明确提出“到2020年，居家为基础、社区为依托、机构为补充、医养相结合的养老服务体系更加健全”，

---

① 张仁枫．我国居家养老存在的问题和对策研究［J］．江苏经贸职业技术学院学报，2016（5）：31-36.

② 孟磊，李雪．城市社区居家养老的问题与对策探析［J］．农村经济与科技，2019（22）：165-166.

③ 张仁枫．我国居家养老存在的问题和对策研究［J］．江苏经贸职业技术学院学报，2016（5）：31-36.

以“大力发展居家社区养老服务”和“加强社区养老服务设施建设”来“夯实居家社区养老服务”，可见，社区是实现居家养老的重要载体之一，社区平台建设将被作为推动发展城市居家养老服务工作的重点之一。和西方国家不同，我国社区作为行政力量的基层延伸，受政府行政化管理。而居家养老服务的重要载体——社区养老设施中，既包括政府主导运营的公办日间照料中心、老年活动中心等，也包括社会化运营的养老服务机构，对其性质必须加以明确，以使居家养老服务的运行机制得以理顺，更好地发挥作用。

除公办的社区养老机构外，其他社区居家养老机构都属于民办非企业单位法人，意味着其接受政府委托开展提供居家养老服务的工作，政府有权对其进行规范管理，但不意味着政府可以直接领导该类组织。①在对社区养老服务机构的布局上，政府应该进行充分论证与规划设计，结合新老城区各社区人员结构、经济状况等实际情况，对社区养老服务机构进行总体布局，在其提供的服务内容上做到“对症下药”，解决各地区实际问题。从实际情况看，目前社区养老服务以生活照顾为主，家庭融入能力不足。特别是在空巢老人、失能半失能老人数量不断上升的背景下，这类老人在心理疏导、专业护理、康复保健等方面的需求不断增多，解决这类需求的供给不足。有鉴于此，应增加社区养老机构中的这类养老服务，同时可探索“家庭病床”“家庭医生”等医疗养老模式，大力发展智慧养老，帮助老年群体真正实现“在家”养老。②

5.以“智慧养老”提升养老服务能级，强化居家养老服务中的科技应用

以“政府引导、市场主体、应用为本”为原则发展智慧养老产业，政府在科技和产业布局中要发挥积极的引导作用，精准把握养老服务需求，聚焦养老服务的有效供给，注重养老服务资源的整合和共享，将物联网、云计算、大数据、移动互联网等信息技术深度嵌入城市养老服务中，构建全人群覆盖、全方位服务、全过程管理、全天候响应的智慧养老服务体系。在政策扶持方面，充分激发市场活力，鼓励企业运用新技术支撑养老产业，形成各具特色的多元化、多模式的发展格局。进一步鼓励研发智能辅助产品、长者智能家居系统等产品，开发电子宠物智能玩具等。③

6.建设养老服务专业人才队伍，提高从业人员的专业化水平

居家养老服务是一项专业性很强的社会管理和服务工作，对从事养老服务的人

---

① 郑功成．中国社会福利改革与发展战略：从照顾弱者到普惠全民［J］．中国人民大学学报，2011（6）．

② 王爽．城市老龄人口居家养老问题研究——基于辽宁省丹东市的实践与思考［J］．党政干部学刊，2020（2）：69-74．

③ 刘社建，陈馨，吴强峰．上海居家养老问题及对策［J］．党政论坛，2018（8）：27-29．

员有较高的素质要求。因此，有必要尽快培养和建立一支专业的从业人员队伍，以便更好地提高居家养老的服务水平和质量。

（1）开展技能性专业培训。目前，参与居家养老服务的一部分员工是再就业者或没有专业知识的群体。针对这部分工作人员，需要依托社会相关机构对他们进行专业化培训，同时定期对工作人员的培训情况进行检查。

（2）积极吸纳专业人才。各居家养老服务机构应有计划地从当地各层次院校毕业生中吸纳养老护理、老年服务管理、康复、心理咨询等方面的专业人才，使其加入到居家养老服务的队伍中来，以此提升居家养老服务的质量。

（3）提高居家养老服务人员的工资待遇。当前受制于某些传统思维的影响，居家养老服务工作人员数量较少。通过提升其工资待遇或增加各种补贴、制定扶持政策，来稳定社区居家养老服务的专业队伍。①

（4）坚持职业培训与学历教育并重，推动普通高校和职业院校开发养老服务和老年教育课程，在中高等职业教育中加强老年服务与管理相关专业建设，加快培养老年医学、康复、护理、营养、心理和社会工作等方面的专门人才，加强养老护理人员职业技能培训。

7. 积极培育民间组织和志愿者服务队伍，使居家养老服务健康有序发展

民间组织和志愿者服务队伍的积极参与，对促进居家养老服务的健康有序发展具有重要作用。在许多国家，社区居家养老服务快速发展的一个重要因素就是社会团体、企业和个人都积极参与社区老年人的服务管理工作。而我国的志愿者服务队伍仍有待建立和完善。此外，近几年我国民间组织的数量虽有较明显的增加，但总体来看，民间组织数量较少，规模较小，分布不均衡，服务领域狭窄，专业性不强，服务能力有限。作为居家养老服务的主要提供者，现阶段要大力发展民间组织，通过政策倾斜、场地支持等方式积极培育、扶持发展并规范管理各类民间组织。②

8. 加强宣传和引导，合力构建养老友好型社会

通过多种途径和方式加强宣传，引导全社会增强接纳、尊重老年人的关爱意识，积极构建利于养老、孝老、敬老的社会环境。加强政策宣传力度，发掘有效的宣传方式和传播途径，进一步增加政策知晓度。把《中华人民共和国老年人权益保障法》和传统尊老的宣传教育作为培育和践行社会主义核心价值观的重要内容，有效发挥老年人及其子女在居家养老中的主体作用。避免凡事依靠政府，切实发挥子

① 孟磊，李雪．城市社区居家养老的问题与对策探析［J］．农村经济与科技，2019（22）：165-166.
② 黄春梅．福利多元主义视角下居家养老服务的问题及对策解析［J］．社会福利，2018（5）：3-7，13.

女在推进居家养老服务中的作用，提升子女赡养父母的能动性。通过老人自身、老人家庭、政府、企业与社会的共同努力，有效推进老有所养、老有所乐、老有所学、老有所成，切实构建养老友好型社会。①

案例研究

大连居家养老服务的“林海模式”

大连是一座发展速度较快、老龄化程度相对较高的城市。截至2016年，据不完全统计，全市户籍人口总数593.6万人，其中60周岁以上老年人口为136万人，占22.92%，已成为全国老龄化程度较严重的城市之一。2016年大连市养老服务机构有199家，床位数20 678张，无法满足“空巢”、高龄和带病老年人的养老服务需求，且养老床位增速远远低于大连市老龄化人口增速。为了改善居家养老服务条件、提升居家养老服务质量，大连市于2010—2012年两年间，累计投入7亿多元在全市各区（市、县）建设社区居家养老服务中心，2016年投入1 000余万元在全市建立了14个社区居家养老服务综合示范中心，鼓励与老年人日常生活密切相关的各类服务机构为老年人提供优先、便利、优惠服务；扶持专业服务机构并鼓励其他组织和个人为居家老年人提供生活照料、医疗护理、精神慰藉等服务。

《中国老年报》曾以“未来中国人如何养老”做专题调查，结果显示选择“社区居家养老”的人数比例高达74%。大连通过多年实践，以满足老年人基本生活需求为目标，以保障老年群体中的三无、低保、高龄、失独、空巢和特殊困难老人为重点，确保兜住底线，围绕就餐、医疗、金融、文化等内容，构建基本的养老服务体系，形成“1+1+N”的居家养老服务模式（以下简称“林海模式”），提炼出基于“林海模式”的居家养老服务标准体系，力求推动大连市养老福利由补缺型向适度普惠型的转变。为加快推进多层次养老服务体系建设，大连市发布了《大连市人民政府关于印发大连市推广社区居家养老服务“林海模式”实施方案的通知》（大政发〔2017〕7号），并投入5 600余万元计划建设51个城市社区居家养老服务中心，将利用3～5年时间，按照必备项目、基本项目、拓展项目3个层次，在全市的600多个城市社区按比例陆续推广。

（1）“林海模式”概况。

“林海模式”，即“1+1+N”模式，包括建设1个老年人需求数据库、1个协调推进机构和若干服务项目。服务项目见表2-2。

（2）“林海模式”养老服务标准体系的构建。

“林海模式”是对居家养老服务的有益探索，通过标准化手段总结凝炼积极

① 刘社建，陈馨，吴强峰. 上海居家养老问题及对策［J］. 党政论坛，2018（8）：27-29.

表2-2 “林海模式”服务项目

就餐服务	引进餐饮企业、社会组织或个人来运营社区小食堂，承接老人的订餐、配送等服务
签约医生服务	利用医护资源，为60岁以上的三无、低保、半失能的失独老人和70岁以上老人家庭签约保健医生，建立老人健康信息档案，定期开展巡诊服务
建立应急响应平台	为服务对象提供视频通话或一键呼等设施
日间照料服务	建立日间照料站，引导社会力量运营，为生活不能自理、需要照料的半失能人及其他有需求的老人提供膳食供应、个人照顾、保健康复、娱乐等日间服务
开展文化娱乐	组织开展老年人文化活动，举办知识性活动，开展课堂和在线教育等
提供康体锻炼设施	街道和社区充分整合，利用健身场地和设施，为老年人康体锻炼提供必要场所
家政服务	街道和社区通过建立家政服务站或跟家政服务公司签约等形式，为老年人家庭提供基本家政服务

有益的服务经验并将其固化下来，有助于规范养老服务行为、提高养老服务质量、提升养老服务管理水平、保障老年人权益，并为推广“林海模式”奠定了基础。

目前国家层面上仅有《养老机构基本规范》(GB/T 29353—2012)、《社区老年人日间照料中心服务基本要求》(GB/T 33168—2017) 等4项标准，行业标准也仅发布了《社区老年人日间照料中心建设标准》(建标143—2010) 等5项标准。在此基础上，构建“林海模式”居家养老服务标准体系。按照《服务业组织标准化工作指南》(GB/T 24421—2009) 国家标准的总体要求，对内外部管理需求、所提供服务的内容和资源配置、服务对象的需求和特点进行全面分析，制定工作程序图，为后续开展标准化工作建设提供了可行的路径。

①标准体系框架构建。体系框架是标准化建设的一项核心工作，从“林海模式”养老服务实际出发，对服务组织内部现有的规章制度、管理规定及岗位职责等进行全面梳理，废除不适用的文件，修订在用的文件。在此基础上通过明确管理目标和要求、优化流程、识别标准缺失领域，明确需要标准化的重要环节和服务要素，开展标准制定工作，确保组织的各项工作有标可依。养老服务标准体系包括通用基础、服务提供、支撑保障三个子体系。结合养老服务标准体系构成因素，搭建养老服务标准体系框架。

子体系一：通用基础标准，是指在养老服务范围内普遍适用、具有广泛指导意义的标准，包括（但不限于）标准化导则、术语与缩略语标准、符号与标志标准、数据标准、分类标准、评估标准、质量管理标准等（如图2-1所示）。

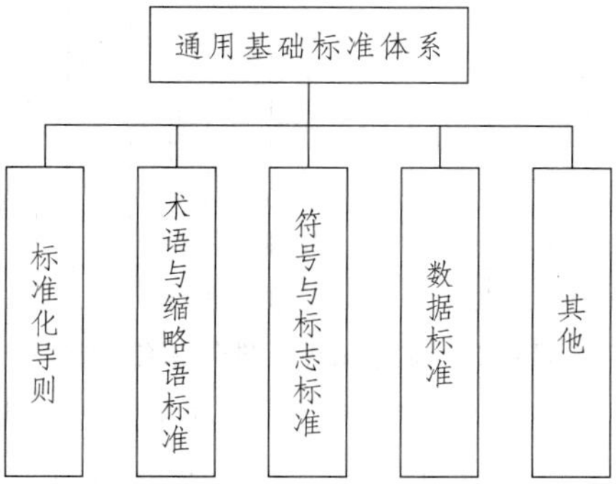

图2-1　通用基础标准体系结构图

子体系二：服务提供标准，是指涉及养老服务的具体内容及事项。根据不同服务需求，包括（但不限于）生活照料服务标准、精神慰藉服务标准、健康管理服务标准、医疗护理服务标准、安宁服务标准、社会工作服务标准、休闲娱乐服务标准、文化教育服务标准、权益保障标准、运行管理规范等（如图2-2所示）。

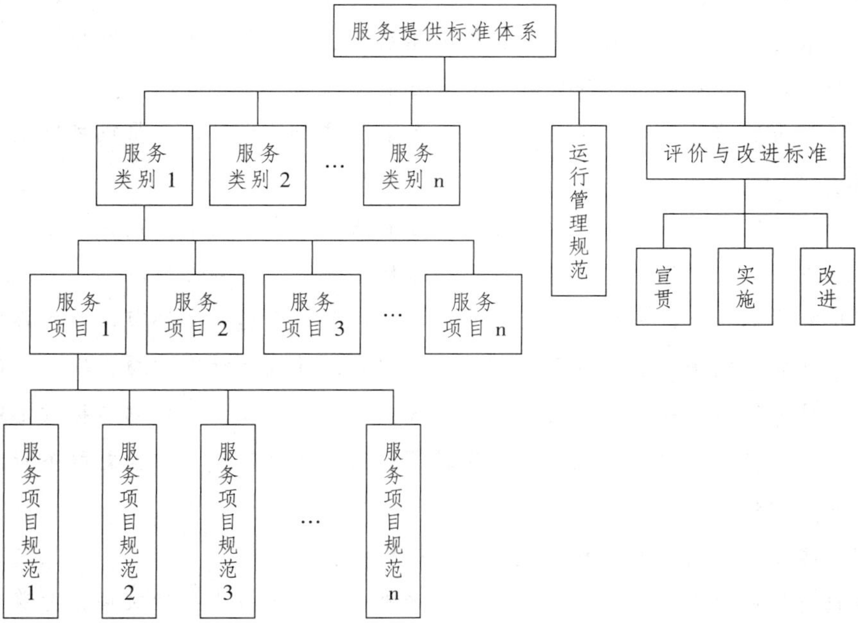

图2-2　服务提供标准体系结构图

子体系三：支撑保障标准，是指养老服务业组织为支撑养老服务有效提供而制定的规范性文件，包括（但不限于）服务提供者标准、管理标准、信息化标准、设施设备及用品标准、环境标准、安全与卫生标准等（如图2-3所示）。

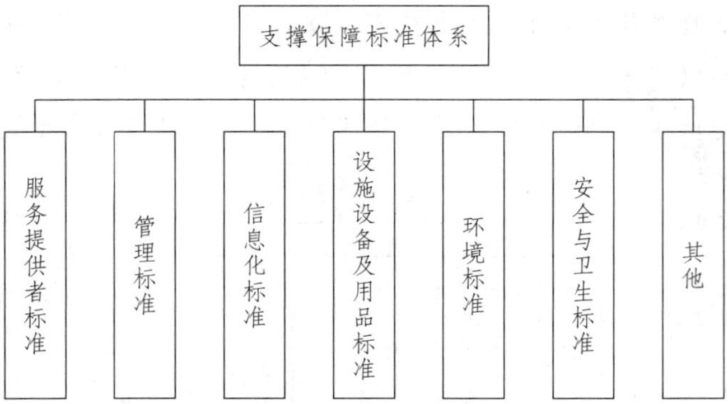

图2-3 支撑保障标准体系结构图

标准体系构建依据（包括但不限于）：GB/T 1.1 标准化工作导则第1部分：标准的结构和编写；GB/T 13016 标准体系表编制原则和要求；GB/T 13017 企业标准体系表编制指南；GB/T 15496 企业标准体系要求；GB/T 19273 企业标准体系评价与改进；GB/T 20002.2 标准中特定内容的起草第2部分：老年人和残疾人的需求；GB/T 24421（所有部分）服务业组织标准化工作指南；GB/T 24620服务标准制定导则 考虑消费者需求；GB/T 28222服务标准编写通则。

②实施评价与改进。标准的实施是标准发挥其预期作用的关键步骤，也是标准化工作的最终目的。标准实施评价和标准体系评价是服务业组织标准化工作的重要组成部分，是服务业组织自我完善的有效方法。

评价标准实施行为时，应对照标准将各项要求归纳成可以测量或可以进行比较的指标。

评价标准实施效果时，可以设定对服务质量、效率、成本、效益、服务业组织社会形象以及经营管理水平等方面的影响指标，并进行综合评价。

评价标准体系时，分析服务组织的服务、运营、管理等各环节，对照标准明细表，检查现有标准是否能够满足当前服务的需要，并确定标准的覆盖率。同时要考虑体系文件与法律法规及有关政策、现行各级标准的协调性，内部各标准之间的协调性，以及包括保障安全、保证服务质量、提高工作效率等多方面对服务业组织各项活动的支撑作用。

（3）建立上下衔接的“林海模式”推广机制。

从政府层面出台推广“林海模式”养老服务标准体系指导性文件，为养老服务标准化工作提供实施指南，详细说明开放的养老服务市场“谁来管”“管什么”“谁来做”“做什么”。

①政府主导，多部门协同推进。养老服务业标准化建设涉及政治、经济、文化、社会、民生等诸多领域，养老服务标准化建设是一项长期性工作，需要持续对接养老服务市场。政府应在政策引导、经费支持等方面协调政府各个职能部门支持

养老服务健康发展。政府部门间的合作与联动，能够整合资源，借助专业力量科学规划大连市养老服务业标准体系建设。

让“林海模式”等多种满足市场需求的服务模式发展成为“派出一个项目经理加一套标准化体系”就可以完成一个服务项目的复制。

②凝智聚力，鼓励社会参与。充分吸纳各类行业协会、社会组织和服务机构等社会力量参与标准化建设。鼓励各部门积极实践，将养老服务技术与管理的成果向标准化转化。创新人才培养机制，将养老产业、管理服务、技术标准进行有机融合，形成满足当前市场需要的养老服务标准。这样，既节省了政府的人力物力投入，又形成科研成果与标准制定修订的良性衔接机制。同时，围绕对养老服务标准体系中急需、空缺的标准，优选文本质量高、实施效果好的标准上升为地方标准、行业标准、国家标准，尽快填补行业空白。

③民意征集，提升服务效能。推进决策、执行、管理、服务、结果公开是党的十八届四中全会部署的重要改革任务。养老服务标准化的建设过程就是一个社会公开参与的过程。不管是政府的跨部门合作还是社会力量参与，在养老服务标准化建设过程中与群众关系密切的和与服务事项有关的行政行为，应信息互通，充分听取群众意见，将民意调查与分析作为必要环节，以保障其宗旨的达成。

④市场准入，“底线标准”先行。养老服务业是具有巨大发展潜力的朝阳产业，《国务院关于加快发展养老服务业的若干意见》中要求全面放开养老服务市场，进一步放宽准入条件。养老服务行为的标准化，必须紧随其后，这不仅关系到硬件配置的实际利用效率，更影响着公众对养老服务的真切感知。服务行为的标准化包括服务组织基本要求、服务人员基本要求、服务内容、服务流程、服务的设施设备、服务效果及评价等系列规范。建议作为政府对服务机构的运营和服务的监管手段的硬性要求推行。

⑤标准解读，打通政府与群众联系的“最后一公里”。标准是体系建设的灵魂，按照“谁起草、谁解读”的原则，对服务于国家重大政策落实、涉及群众切身利益的标准，应实事求是、有的放矢开展标准解读，并做好政府与市场、与社会的沟通工作。

标准解读时，着重介绍标准编制的背景和内涵，对养老行业当前现状和发展趋势进行讲解，并结合具体实例逐条讲解标准条款等。

⑥政府购买标准化，增加工作透明度。自国务院办公厅《关于政府向社会力量购买服务的指导意见》（国办发〔2013〕96号）出台后，政府购买公共服务成为开展社会管理和公共服务的手段。随着养老服务业的快速发展，社会力量将不断被吸引进入养老服务基础设施和服务领域。为更好地引导和发挥社会组织在养老服务中的作用，维护社会公平正义，应尽快制定养老服务采购目录标准，完善采购程序，

明确采购对象要求和服务效果检验要求。综合运用法律法规和配套标准，实现宏观层面和微观层面双向规范，提高采购效率，为财政部门实施政府采购监督和执法提供有效依据。

习近平总书记强调，要积极发展养老服务业，推进养老服务业制度、标准、设施、人才队伍建设，构建居家为基础、社区为依托、机构为补充、医养相结合的养老服务体系，更好满足老年人养老服务需求。

养老服务永远不是“毕其功于一役”的事情，随着人口老龄化程度不断加深和人民生活水平逐步提高，老年群体多层次、多样化的服务需求持续增长，对扩大养老服务有效供给提出了更高要求。加快推进养老服务标准化建设工作，做出更有效的制度安排，是确保民众共建共享发展的关键所在。用标准化手段推动政府公共服务的管理模式、服务方式、服务内容的转变，提高公共服务的公平性、可及性和质量水平，共同构建党的十九大报告中提出的“积极应对人口老龄化，构建养老、孝老、敬老政策体系和社会环境，推进医养结合，加快老龄事业和产业发展”的宏伟蓝图。

思考与讨论：

（1）大连居家养老服务的“林海模式”有何独到之处？

（2）居家养老服务的标准化建设应从哪些方面着手？

（3）大连居家养老服务的“林海模式”凭什么得以推广，受到普遍欢迎？

（资料来源：张伟．社区居家养老服务标准体系建设——以“林海模式”为例［J］．品牌与标准化，2017（11）：69-72，75.）

第三章　社区养老服务创新发展

大力发展城市社区养老服务。依托社区养老服务设施，在街道层面建设具备全托、日托、上门服务、对下指导等综合功能的社区养老服务机构，在社区层面建立嵌入式养老服务机构或日间照料中心，为老年人提供生活照料、助餐助行、紧急救援、精神慰藉等服务。积极引导社会力量广泛参与社区养老服务，扶持培养一批综合化、专业化、连锁化、品牌化社区养老服务机构，支持其取得合理回报和持续发展。有条件的地方可通过购买服务等方式，采取老年餐桌、上门服务等形式，大力发展老年人急需的助餐、助浴、助急、助医、助行、助洁等服务。

——民政部《关于进一步扩大养老服务供给 促进养老服务消费的实施意见》

（民发〔2019〕88号）

社区是老年人主要生活和活动场地，社区养老是介于居家养老和机构养老之间的一种养老方式。社区养老不仅符合老年人传统家庭养老观念——满足共享天伦之乐的心理需求，同时又符合尊老敬老的传统基本道德规范。社区养老具有鲜明的自主性与灵活性，涵盖的范围较广，实行社区养老服务，老年人在熟悉的环境中养老，可以充分发掘各种资源，实现邻里互助。社区养老已成为我国养老服务的主要方式，不仅弥补了现有养老机构的缺陷，也有效地减轻了家庭养老的负担，是一种适合我国国情的养老方式。

一、社区养老服务的内涵与特点

1.社区养老服务的内涵

社区是指在城市固定区域内经济、政治活动相对集中，大多数居民主要从事工业、商业和服务业，具有共同意识和利益的社会团体。一个成熟的社区通常能够满足社区成员政治、经济、文化、教育、服务等方面的需求。[①]

在我国，社区养老起步于20世纪80年代，仅在大中城市发展较好。社区养老不是家庭养老，而是社区中的居家养老模式，社区养老不是社会养老，而是将社会养老机构中的服务引入社区，它是针对中国社会转型期在21世纪上半叶所面临的巨大老龄化问题所提出的一种新型养老模式，对于解决我国的养老问题有着十分重大的意义。

所谓社区养老服务，是指政府、非政府组织以及其他机构，在老年人所属的社区建立养老服务中心，采取家庭养老为主、社区机构养老为辅，上门服务为主、托老所服务为辅的方式，为老年人提供家政服务和医疗卫生服务的养老模式，是一种照料式的养老服务。社区养老服务是居家养老服务的重要支撑，具有社区日间照料和居家养老两大功能。

社区养老是针对我国社会转型升级老龄化问题的出现而提出的一种新型养老模式，有效结合了家庭养老和机构养老的优点，一是保持了传统家庭养老优势，满足了老年人的亲缘、地缘心态，在心理上更容易被老年人接受；二是保持了机构养老的互助性和人情味，老年人在一起可以交流谈心，共享晚年；三是整合社区资源、挖掘社区发展潜力，为当地失业人员重新找到就业岗位，实现社区居民养老和就业的双赢。[②]但目前城市社区养老还存在较多问题，需从政府、市场和社会角度出发完善城市社区养老服务体系。

2.社区养老服务的特点

我国目前的社区养老服务主要有以下几种具体形式：第一是建立相关老年社区服务中心，如老年人日间护理中心、老年人医疗保健中心等；第二是建立志愿服务中心，积极推动社区建立志愿者服务体系；第三是建立老年人家务服务中心，为老年人提供上门家务服务等。一般认为社区的养老服务具有灵活性、福利性、服务性、区域性、多元性的特点。[③]

---

① 陈玲玲. 城市社区养老服务存在的问题及成因［J］. 中国名城，2015（10）：37-43.
② 郑惠强. 大力完善社区养老服务体系［J］. 群言，2012（5）：27.
③ 任丽新. 社区服务在养老保障中的作用［J］. 社会，2001（1）：15.

（1）灵活性。社区养老服务是非制度性的措施，无论在内容上还是在形式上都更加富有弹性，具有很强的灵活性，它可以根据具体的服务对象，针对不同老年人的情况，采取不同的服务形式，提供多样化的服务，从而最大限度地满足不同老年人的养老服务需要。比如社区养老中常见的社区托老所，子女在家的时候，老年人可以不用去，而如果子女上班或出差，老年人就可以去日托站得到照顾，非常方便和灵活。

（2）福利性。这是指社区的养老服务不以营利为目的，而造福于社区老年居民，以较小的花费为老人提供较好的服务。随着我国人口老龄化程度的加深，大量老人居住家中需要社区提供服务，社区养老的发展必须贯彻福利性的方向。首先是服务目标的福利性。商业性养老服务追求利润最大化，讲究投入和产出。而社区养老服务与此不同，它是为困难的老人家庭所提供的养老服务，旨在维护社会公平，提高社会福利。其次是服务对象的福利性。福利性服务有明确的界定对象，主要根据老年人及其家庭的经济状况来确定，不论发达国家还是发展中国家，都有对老人等弱势群体进行福利照顾的规定。再次是服务效益的福利性。社区的养老服务不可能全部是免费服务，在一定程度上也讲究经济效益，但它不以营利为目的，通过提供保本收费服务，谋求收支平衡，追求社会效益和经济效益的统一。最后是服务资源的福利性。服务资源主要包括社区的公共场所、志愿者服务、企业捐献等。在城市社区主要是通过社区居民的互助和社区服务，充分挖掘社区的人力和物力，尤其是通过社区养老服务，使社区居民的互助互济转化为巨大的福利资源。①

（3）服务性。发展社区养老服务，可以弥补养老保障资金的不足，增强居家养老保障的服务功能。社区贴近居民，是老人生活之地，服务是它的较大优势。通过社区的社会福利服务，可提高社区的公共福利水平，帮助有困难的老人克服困难，满足人们对社区养老服务的需求。特别是在人口老龄化趋势下，社区为老人提供的养老服务，是其他社会组织和机构都难以替代的。

（4）区域性。它是指养老服务范围的社区性和服务对象的地域性——社区老人，即在一定的人口区域中对老人所进行的养老服务，这是社区养老服务与一般社会养老服务在空间范围上的主要区别。不同的社区，其面临的老人具体服务需求不同，因此需要社区依照社会保障的法规和政策，针对本社区老人的具体情况，发挥其区域性保障服务载体的特殊功能，在养老资源的配置、服务的提供、设施的建立等方面，应结合本社区的实际情况，发挥社区的多种优势，实事求是地开展符合本社区老人需求的养老服务，这成为多元福利体系的功能主体之一。这种社区的主体功能和区域养老服务的针对性有利于构筑多层次、有地方特色的社会养老服务保障

① 祁峰．城市社区养老服务的特点与作用［J］．城市问题，2011（11）：75．

体系，提高社会养老服务保障的覆盖面和保障效率。

（5）多元性。其主要体现在城市社区养老服务资源方面，传统的养老服务多采取家庭照顾的方式，服务方式与资源都相对单一，而如今的城市社区养老服务逐渐转变为由政府、社会、家庭等多方参与的照顾方式，体现了社区养老服务资源的多元性。[①]

二、社区养老服务的作用和取向

1.社区养老服务的作用

社区养老服务实现了与家庭养老、机构养老和商业化养老的互补，弥补了家庭养老、机构养老和商业化养老的不足，[②]整合社区资源，提高资源利用率，其功能逐渐得到加强，其重要作用日益受到人们的重视。

（1）弥补家庭养老功能的不足。我国家庭养老功能已严重弱化，照料老人尤其是无子女或子女不在身边的老人的生活问题尤为突出。社区养老服务则能弥补家庭养老功能的缺陷，特别是病弱老人的身体看护，高龄老人的生活照顾，空巢老人的精神慰藉等。解决对老人生活照料的困难，没有社区养老服务，现代社会家庭养老便难以支撑。

（2）弥补机构养老功能的不足。理论上机构养老具有比较优势和规模效应，通过适度集中养老，实现养老资源的优化配置。良好的设施、专业化的服务能实现全天候服务，既能减轻养老负担，又能提高老人生活质量，满足老人的养老需求。但机构养老也存在一些问题，如昂贵的院舍养老成本、孤独寂寞等，远远满足不了老年人差异性的养老需求。而社区养老服务能克服机构养老的缺点，不仅投资少、服务广、收费廉，而且通过社区为老人提供的各种养老服务，可帮助老年人过好日常生活，加强老人与社区的联系，多与他人交往，从而促进老人的身心健康，延缓衰老，使其愉快地度过晚年。

（3）弥补商业化养老功能的不足。一般而言，商业化养老服务的对象为社会全体老人，社区养老服务的对象是本社区有养老服务需求的老年人。在服务项目上，商业化养老服务，可以满足老年人所需的任何需求；社区养老服务，则应根据整个社会的经济发展状况及社区的实际情况，提供老年人养老的基本需求。

（4）整合社区资源，提高资源利用率。社区养老可以使社区资源得到充分利

① 刘晨．城市社区养老服务法律问题研究［J］．法制与社会，2018（3）：146-148.
② 祁峰．城市社区养老服务的特点与作用［J］．城市问题，2011（11）：76.

用，从而降低养老费用。社区养老的力量来源主要依赖于社区本身，即社区养老社区办，从而降低了国家在养老方面对此支出的费用。以大连市为例，一家社区敬老院收住老人所消耗的费用仅为市属养老院的1/4～1/3。在我国各城市社区中，有不少刚退休的低龄老年人和失业人员，这是社区照顾老人的重要资源。让社区中身体状况良好的退休人员、低龄老人、失业人员和有闲暇时间的年轻人，通过培训，自愿到社区为需要照顾的老人提供服务，等将来自己老了需要他人照顾时，也能平等地享受到他人的服务。这一服务模式，既为低龄老年人发挥余热提供条件，也使那些失业后暂没找到合适工作的人员得到工作的机会。①

2.社区养老服务的取向

（1）建立社区养老院、敬老院等社会福利机构。建立福利机构是一项非常重要的措施。这些福利机构主要是根据老年人的实际需求而设立，不仅可以很好地满足老年人在居住上的需求，还可以为其提供不同层次的服务，老年人可以根据自己的实际需求选择。

（2）在社区中为老年人设立老年医疗机构。为方便老年人就医，使其接受到更好的医疗指导，保障其身心健康，可以根据老年人的实际情况在社区中设立老年医疗机构（如老年人诊所、医院、保健站等）。

（3）在社区中为老年人建立相应的活动中心。对于社区老年人而言，构建老年人活动中心是非常必要的，其能增加老年人的户外活动形式，使其拥有更多与外界交流的机会，丰富老年人的精神生活。在老年活动中心，老年人可以参加体育运动、图书阅读、音乐表演等活动。

（4）为老年人提供法律援助等。因知识缺乏或其他方面的原因，老年人很多与法律有关的问题都无法得到妥善解决，因此，在社区中为老年人提供法律援助是十分必要的。社区可以为老年人提供一系列的法律援助，帮助其解决子女赡养问题、家庭内部经济问题、再婚问题等，让老年人的各项合法权益得到更好的保障，使其能够更好地度过老年阶段。②

（5）智能家居。社区养老服务机构给每一位独自居家的老人安装“快捷键”，在发生突发事件及有其他需求时，只需要按一个键，就可以联系到社区服务中心，得到相应的服务和帮助，让高龄、独居、行动不便的老年人在第一时间获得帮助，避免意外发生，也保障了老年人的日常生活。

（6）健康旅行。通过智能App，提供个性化定制旅行养老服务。利用App反馈回的健康指标、生活志趣，规划出不同类型、不同需求的健康旅居养老服务。定制

① 玉梅英．社区养老模式优势分析［J］．社会福利，2012（2）：41．
② 李丽慧．社区养老助老服务的取向、问题与应对方案［J］．社会与公益，2020（4）：84-85．

几种健康旅行方案供老年人选择，在出行之前对老人进行指导和培训，全力保证旅行的舒适与安全。健康旅行之后及时收集对老年人服务的情况，通过App发送满意度语音调查问卷，及时优化旅行中存在的问题，提高服务的品质，增强客户的认同感。

（7）社区大学。聘用退休老年教师和志愿服务者开设老年课程，比如语言文学、艺术、医学保健、计算机应用和体育健身等课程，为想学习和工作的老年人提供机会。

（8）家庭日。社区在每周六下午为老年人组织家庭日活动，他们将同自己的子女一起度过有意义的一天。为儿女们举办关于与父母相处的讲座，让子女能够在有限的时间里更好地陪伴父母。[①]

三、社区养老服务创新发展的对策

社区养老作为一个应对人口老龄化挑战的出路，吸收了家庭养老和机构养老的优势。然而，正如硬币有两面一样，作为一种新的养老服务方式，社区养老服务还存在着一些问题。这些问题表现为：社区养老的相关政策法规不健全、社区养老服务体系不健全、社区养老服务设施供给不足、社区养老服务的资金短缺且来源途径较少、社区养老服务人员专业化程度低、社区养老服务专业性欠缺、社会组织参与社区养老服务不足、客户数据未实现互联互享等。如果能够直面这些问题，拿出有针对性的创新性举措和办法，将整个养老服务工作纳入社区的工作日程，提升重视程度、加大宣传力度、整合社会资源、拓宽服务项目、形成完整的服务体系，步入常规化轨道，社区养老服务必将成为整个中国社会养老的重要方式之一。

1.制定和完善相关法律法规，使社区养老服务趋于规范化

目前，我国社区养老模式尚在探索阶段，相关的法律法规等尚不健全，尤其缺乏与社区养老服务行业相适应的规范服务标准。为保障社区养老服务业的健康发展，政府应该基于我国的基本国情，结合实际情况尽快制定并完善相应的法律法规，重点开展社区养老服务规范化的制度探索，通过法律形式明确社区养老服务标准、各方权利义务、纠纷处理机制与理赔等内容，让纠纷能有法可依，从调解到诉讼提供多元的解决渠道。同时要加快养老服务法的制定。通过健全相应的法律法规，进一步推动社区养老服务体系规范化建设。[②]但是，值得注意的是，制定相应

① 侯子鑫，孟瑶，崔贺伟．浅谈新型社区养老概况［J］．山西农经，2020（4）：45-47.
② 冀然，李盛基．“三工联动”推动社区养老服务发展［J］．劳动保障世界，2020（2）：38.

规定应当充分考虑可行性和适应性。毕竟法律有时是冷漠的制度，但社区养老服务却是温暖的关怀。从立法和司法的角度将社区养老服务纳入法治化的轨道，也是为了让老年人在年迈时能过得幸福和有尊严。①

2.转变政府职能，加大政策扶持力度

在社区养老服务的供给中，政府应当负起兜底性责任。但这不是等同于政府要大包大揽养老服务的生产和递送，而是要借助一些创新型方式的运用来有效带动社会力量的参与。政府应当明确自身在养老服务体系构建中的宏观调控、政策引导职责，减少对养老具体事务的过多干预，将更多的管理性权力下放到社区。不仅要完善政策法规体系，更要注重在统筹规划的框架下，以养老体制机制建设为着力点，营造促进养老服务发展的良好社会环境。具体来看，应当把社区养老服务体系的构建纳入地区经济社会发展规划之中，以提供政策和资金支持。在制定和实施城市发展规划时，既要实现养老服务需求与供给之间的配置平衡，又要避免盲目发展和重复建设②。针对老年人最基本的就医需求，要着力构建基层社区医疗与保健服务体系，实现“医养结合”，解决老年人的“看病难、看病贵”问题。

在直接建设、运营社区养老机构的同时，政府还应出台相应的扶持政策，鼓励和引导企业、社会组织等多元主体的参与。同时，继续推进民间资本进入公益事业改革，将养老机构的经营等生产性职能转移给社会组织、企业、社区以及志愿者团体等。③应当不断增强政府财政、税收优惠政策对社区服务组织的“输血”和“造血”功能，加大政府购买养老服务和补助贴息的力度，重点增加公共财政预算中的资金投入比例。④

一个好的政策应当是全方位的，除了对服务标准和权利义务的规定，更直接的优惠政策应当覆盖社区养老服务整个生态链，比如说建设、土地、税收、用水、用电、用气等，同时通过更广泛的社会融资以及费用减免、护理保险等一系列的扶持政策，完善养老服务行业的各类制度，如准入制度、监管制度、退出制度。其实社区养老并不是减少子女赡养老人的责任，而是社会大家庭给老人晚年生活提供更好的保障。在发展社区养老的同时，同样倡导子女与老人同住，并对赡养老人的子女给予鼓励，比如凡愿意与老人同住的子女就给予一定的津贴或增加一定的带薪假期。⑤

---

① 魏玫. 浅析城市社区养老服务问题及对策［J］. 内蒙古科技与经济，2017（2）：4-6.

② 韦宇红. 我国城市社区养老服务资源有效供给问题研究［J］. 理论导刊，2012（6）：12-14.

③ 郁建兴，金蕾，瞿志远. 民办社区养老机构建设及其政府责任——以杭州市上城区为例［J］. 浙江社会科学，2012（11）：76-83.

④ 曾奕婧. 城市社区养老服务供给中的问题及原因分析［J］. 安徽行政学院学报，2017（5）：101-107.

⑤ 魏玫. 浅析城市社区养老服务问题及对策［J］. 内蒙古科技与经济，2017（2）：4-6.

3. 拓宽资金筹措渠道，构建多元化投入的发展机制

（1）扩大政府财政投入。社区养老的资金筹集是发展老年福利事业的关键。老年人社区养老服务的资金来源，应该得到政府在财力上和政策上的大力扶持。[①]政府是居家和社区养老服务资金投入的主体。在公共财力允许的范围内，政府增大财政投入，应在现有财政预算科目之外，增加“居家和社区养老服务”科目，[②]建立社区养老服务发展及相关配套设施建设的专项资金，细化逐年增长的资金比例，形成相应的增长机制，逐步改变社会福利事业投入占财政支出比例较低的状况，扩大对老年福利的覆盖面。尤其要增加贫困地区的社区养老服务公共财政支出，增强其资金保障能力。要健全福利彩票基金支持机制，开拓新的专项资金渠道，设计和发行老年人服务类彩票，协助政府购买社区养老服务。[③]

（2）鼓励民间资本广泛参与。在我国社区养老服务模式发展进程中，不仅要充分发挥家庭和政府在养老体系中的主导作用，同时在此基础上，还要逐步接纳民间组织参与到养老服务体系中，共同为社区养老服务出谋划策。民间组织的参与不仅能够拓宽资金来源，而且可以有效协调政府与社区养老服务两者之间的关系。政府应该鼓励和支持社会资金以股份合作、承包或个人投资方式兴办民间组织参与社区养老，按照民间组织开展的公共服务项目给予对应的财政优惠或者补贴政策，为民间组织参与社会公共服务提供政策支持。2012 年 7 月 24 日，民政部出台了《民政部关于鼓励和引导民间资本进入养老服务领域的实施意见》（民发〔2012〕129 号）等一系列政策，努力为社会资金松绑放行，明确提出鼓励民间资本参与居家和社区养老服务、举办养老机构或服务设施、参与提供基本养老服务、参与养老产业发展，落实民间资本参与养老服务优惠政策，加大对民间资本进入养老服务领域的资金支持，加强对民间资本进入养老服务领域的指导规范等。这些政策为解决养老服务领域的资金问题带来了良好的开端，不过政策执行这几年来，出现了许多具体的执行问题，还需要不断地完善相关政策。一旦社会力量涌进养老市场领域，就会在竞争中不断丰富和提高服务水平。国家需要做的，主要是在法治化、市场化大方向下，进行引导监督、依法执法。[④]

（3）完善社会捐赠机制。呼吁社会各界救助老年人，鼓励更多社会力量关注社区养老，鼓励社会各界积极参与养老服务事业，鼓励社会团体、企事业单位和个人向社区养老服务机构捐助资金、捐赠物品，提供无偿服务，在社会上形成“一方有难八方支援”的良好氛围。

---

① 傅桦. 社会养老模式及其服务设施［J］. 首都师范大学学报（自然科学版），2000，41（6）：72-78.
② 成海军. 我国居家和社区养老服务发展分析与未来展望［J］. 中国社会工作，2019（9）：22-24.
③ 蔡葳. 我国城市社区养老服务问题探析［J］. 对外经贸，2016（1）：67-68.
④ 陈玲玲. 城市社区养老服务存在的问题及成因［J］. 中国名城，2015（10）：37-43.

全面发掘社会捐助资金来源，加快社会捐赠制度法律体系建设，完善社会捐赠税收优惠激励政策，创建高效、公开的社区养老服务捐赠平台，加强社会捐赠资金来源和使用的监督管理。①

此外，还可以提倡民间组织参与到社区养老服务中，承担部分养老服务工作。这不仅有利于社区养老工作资金渠道的拓宽，降低成本，提高公共物品供给效率，还有利于缓解政府的压力。

4.加强社区养老服务设施建设

（1）健全社区养老服务基础设施。政府有关部门要合理规划社区养老的基础设施建设，以社区老人的实际需求为导向，以构建和谐稳定的社会为目标，统筹规划社区养老服务设施，调整设施规划标准，合理布局基础设施的数量和规模，提高空间利用效率。要健全服务中心及托老所等为老年人提供三餐和打扫卫生等日常基本服务的生活设施；健全社区卫生服务中心，建立老年病专科、老年住院部和定期对老年人进行健康检查的医疗设施；健全为老年人提供学习环境和教育机会的老年大学和老年学习班等教育设施；健全老年活动中心及室外活动场地，提供养生、健康讲座、阅览书籍和棋牌娱乐等丰富多彩的养老休闲活动的文体设施。

（2）优化社区养老设施的布局。要建立社区和街道两个级别的养老设施体系。社区级养老设施应适合老年人的日常生活习惯，以600米为半径进行活动区域布局，服务设施放置在步行10分钟的范围之内；街道级养老服务设施根据人口规模，步行时间在15～30分钟，以1 200米为服务半径进行放置，形成有序、科学和合理的空间布局。②

在社区养老设施的建立完善中，要了解不同老年人不同的需求，并根据老年人多样化的生活需求因地制宜、有针对性地丰富养老设施的内容，包括健身器械、医疗维护、就业休闲、健康咨询等，为不同的老年人提供丰富多彩的生活照顾和服务。③

5.提高社区养老服务的信息化与精细化水平

（1）加强社区养老服务网络系统建设。要想推动社区养老服务走向信息化与精细化，需要做到对不同老年人需求的实时掌握和快速回应，这离不开以“互联网+”为核心的现代信息技术支撑。应加快构建全方位的社区养老服务网络系统，以更好地对老年人的养老服务需求进行动态管理。如社区网络呼叫系统的建立，能

---

① 蔡葳．我国城市社区养老服务问题探析［J］．对外经贸，2016（1）：67-68.

② 蔡葳．我国城市社区养老服务问题探析［J］．对外经贸，2016（1）：67-68.

③ 区慧琼．社会主义经济体制下的“医养结合”机构模式研究［J］．财经问题研究，2015（s1）：9-11.

够便利居家老人通过呼叫系统及时获得帮助，具有强大的救急救危功能。同时，还应当建立电子化的社区老人信息档案和综合性的社区养老服务信息平台，以实现对老年人的个性化分类管理，为其提供不出家门就可获得的日常照料、医疗保健、心理慰藉等综合性服务。用先进的管理和信息技术，充分了解和掌握老年人的健康和生活信息，将老年人、政府、社区、医疗机构、医护人员等紧密联系起来，全方位服务老年人起居，给老年人一个健康幸福的晚年生活。①

（2）建立老年人健康档案。加强和完善社区服务中心的内部管理是提高服务质量的重要途径，在社区养老机构里得到照顾的老年人都应该建立老年人健康档案，以便社区掌握老年人的健康状况，然后根据老年人自己的需求，开展个性化的服务。社区要充分利用先进的信息技术，做到互通情况、帮助解决困难，整合、优化资源，及时地做好安置、服务老人等方面的信息沟通工作。②

此外，还应构建资源整合机制和信息共享机制，高效利用社会现有养老服务资源，通过信息共享和合作管理的方式，优化社区养老服务的信息化管理水平。③

6.推进社区养老服务人才的职业化和专业化

随着生活水平的提高，老年人对社区服务有着更全面、更专业、更高的要求。社区养老服务作为一项长期的具有重大意义的工作，它的发展需要一支专业、敬业的服务团队的支持，提高社区养老服务人员的素质是正常开展养老服务的前提和保障。为此要加强养老服务从业人员队伍建设，重视养老服务人员专业技能培训，严格护理人员从业资格管理，在高等院校开设社区工作等相关专业，为养老服务行业培养高素质专业人才。社区工作者与教育机构建立联系，将相关专业学生纳入社区养老服务队伍，也可聘请具有专业技能的人员对其开展职业培训，提高专业技能。同时，对养老工作人员实行严格技能考核，规定其参加定期的等级培训。社区中年龄较小、身心健康的老年人既是社区养老需求者，也是潜在服务提供者，可以鼓励低龄老人为高龄老人和患病老人提供无偿服务，照料其他老人生活的同时也实现了自身“老有所为”的价值。④

提高社区养老服务人员专业化水平，还要推进专业教育，培养专门人才，鼓励相关院校设立养老管理与服务等专业，扩大招生规模。提升社区养老服务人员的职业声望，改善其薪酬待遇，提高职业的归属感和荣誉感，增强服务队伍的稳定性。与再就业组织结合，建立基本服务队伍，通过培训吸纳失业人员和城镇化人员参与社区养老服务，壮大居家社区养老服务队伍。发挥社会组织力量，通过“时间银

---

① 曾奕婧．城市社区养老服务供给中的问题及原因分析［J］．安徽行政学院学报，2017（5）：101-107．

② 陈玲玲．城市社区养老服务存在的问题及成因［J］．中国名城，2015（10）：37-43．

③ 蔡中华，安婷婷，侯翱宇．城市老年人社区养老服务需求特征与对策——基于吉林市的调查［J］．社会保障研究，2013（4）：45-49．

④ 蔡葳．我国城市社区养老服务问题探析［J］．对外经贸，2016（1）：67-68．

行”，引导社区志愿者参与社区养老服务。[①]

7.借鉴国外社区养老服务的经验

（1）英国福利型社区养老服务模式。英国是典型的福利型养老的国家，是最早实行社区养老的国家。发展社区养老的资金来源是多元化的，包括生活照料、物质帮助、心理支持、整体关怀等多个方面。英国的社区养老模式表现为社区照顾，又细分为社区照顾和社区内照顾。社区照顾的意思是由家人、登门志愿者等为老人服务，让老人不脱离家庭，即可享受到养老服务。在公共社区内设置小型服务机构，雇用专业人员服务则称为社区内照顾，能够改善社区环境。英国社区照顾的特点，首先是官办民助，就是以政府为主，家庭辅助出资一小部分，其次是依靠社区。英国是福利型养老社会，会给予适龄老人适当的纳税补贴，采暖费、电话费等补贴，并重视老年人的心理状况。

（2）美国保证型社区养老服务模式。美国的社区养老服务是一个成熟的养老服务模式，主要有以下特点：一是老年社区养老服务政策法规健全。美国的社区养老服务是以立法的形式确立起来的。《老年法》和《老年人志愿工作方案》等一系列老年法律法规以为全体老年人提供服务为目标，建立、规范和完善社区养老服务体系，使得老年群体在经济收入、健康医疗、服务、居住、就业、学习等各个方面都能有法律保障，这也是社会保障理论中对于人们基本生活保障能够实现的客观要求。二是政府鼓励社会力量共同参与。美国养老服务机构一般由政府全部或部分出资兴办，而具体事务则是交由美国民间的大量团体、慈善机构等来承担。养老机构的管理和服务主要有三种形式：政府完全投资，个人或团体集体管理；个人或团体共同投资，政府出面雇人管理；政府、团体及个人三方共同出资，由个人或团体管理等。无论哪一种形式的机构，政府都鼓励社会力量共同参与老年福利事业，政府给予技术支持和政策优惠，由社会力量提供服务和管理，但必须接受政府的考核和监督，由此形成一个覆盖面大、内容丰富的养老服务体系。[②]

（3）日本补充型社区养老服务模式。日本在地理位置上与我国相邻，文化传统上又有许多相似之处，所以很有比较的意义。日本的社区养老起步最晚，人口老龄化的速度很快。在相关法律法规和政策的保证下，充分利用政府资金、人力物力等资源，保障老年人的晚年生活。日本的尝试向我们不断诠释了由社会向社区福利转换这一趋势。在严格的法律保证下，日本老人井然有序地安享晚年。日本的社区养老服务具有人情味，而且服务内容丰富，服务人员到老人家中服务，对老人的关怀

---

① 成海军．我国居家和社区养老服务发展分析与未来展望［J］．中国社会工作，2019（9）：22-24.
② 陈玲玲．城市社区养老服务存在的问题及成因［J］．中国名城，2015（10）：37-43.

无微不至。日本的社区养老院给老年人塑造的是一个家的温馨感觉，能让老人们从心底感受到温暖，从而适应集体生活。

“他山之石，可以攻玉”，国外的社区养老服务值得我国借鉴：第一，加强立法。从上述三个国家的养老模式和特点中不难看到，各国都把法律法规放到了很重要的地位，有了法律的支撑和保护，做事便有法可依、有统一的标准。第二，建立专业的服务团队。提高服务人员的基本素质，降低流动性，了解老年人需求，对症下药。第三，在组织形式上，多方力量相结合。政府机构与非政府机构共同协调努力，专业团队与志愿服务相结合，采取多方融资，形成固定服务网络，实现老人利益最大化。第四，加强专业人才培养，建设专业服务团队。培养出一批优秀的人才，利用专业知识，共同加入到社区养老的队伍中来，使养老服务发展得更快更好。[①]

四、社区养老“升级版”：老年友好社区建设

在我国人口老龄化不断加速发展的大背景下，养老已成为全社会关注的重要问题之一。为了应对人口老龄化，我国形成了“9073”“9064”的养老服务格局和养老模式，社区居家养老成为我国绝大多数老年人养老的首选方式。老年人随着年龄的增大，各项身体机能下降成为必然，他们更倾向于在自己熟悉的社区环境中养老，这使老年人更加需要社区的支持。社区作为社会基本构成单元，是绝大多数老年人居住和活动的主要区域，社区向老年友好型发展必将成为一种趋势和全新的发展方向。老年友好社区可谓社区养老的升级版，它内涵更加丰富、形式更加多样，可以最大限度地满足社区老年人的养老服务需求。建设和发展老年友好社区对提高老年人生活品质和生活质量，促进城市社区和谐发展有着重要意义。但是，据调查目前城市社区存在老年友好度不高、养老功能亟待完善、环境规划不尽合理、涉老设施匮乏、养老服务职能不健全、服务水平不高等问题。因此，为了提高社区养老服务水平，促进“原居安老”模式更好地实现，打造老年友好城市，构建老年友好社会，促进社会主义精神文明建设，就应将老年友好社区建设和发展作为应对人口老龄化的主要着力点，探索出适合我国国情的老年友好社区建设和发展道路，这是当前我们必须完成的迫切任务。

1.老年友好社区的提出

2005年，第十八届老年医学国际会议在巴西的里约热内卢召开，会上首次提出了“age-friendly city”（老年友好城市）的概念。2006年，世界卫生组织为了促

① 陈桂芳．太原市社区养老服务存在的问题与对策［J］．经济师，2017（5）：64-66.

进积极老龄化目标的实现，在全球33个城市启动了老年友好城市项目，自此，在许多政府的涉老政策文件中使用了术语“age-friendly community”（老年友好社区）的概念，这一名词也逐渐被各方广泛采用。自2009年起，我国青岛市、上海市、湖州市等陆续开展了老年友好城市及老年友好社区建设试点工作。[①]在《“十三五”国家老龄事业发展和养老体系建设规划》中大力提倡城市老年友好社区建设。

老年友好社区是为社区老年人提供生活、医护、康复、文娱、健身、教育等支持性设施和服务的社区，是使每一位社区老年人在安全、舒适、优美、和谐的社区环境中安度晚年的社区。老年友好社区旨在提高社区老年群体的身心健康水平，改善社区居住环境，提高社会活动参与度。老年友好社区的核心内涵是使社区老年人与社区的居住生活环境能够友好共存、和谐相处。

总而言之，老年友好社区的建设和发展一定要以老年人为本位，从老年人的自身实际需求和活动习惯出发，完善社区内的基础设施建设，使社区老年人晚年的健康生活能够得到维持和保障，让每一位社区老年人都有机会充分参与社区社会活动并受到尊重，从而实现老年人在社区里的积极老龄化。

2.老年友好社区的建设标准

根据世界卫生组织关于老年友好城市建设的相关指导意见，老年友好社区建设应具备以下三方面标准：

（1）社区生活宜居环境。社区生活宜居环境的改善是老年人友好社区建设与发展的出发点。社区生活宜居环境包括社区基本生活配套设施、户外公共空间、安全的交通出行环境、社区公共场所布置、社区绿化美化、健身场地及健身器材等。[②]社区生活宜居环境的设计一定要适应老年人的需求，如社区内要做到人车分流，合理设置道路，保障老年人的交通出行安全。社区公共场所应提供标准化的无障碍设施和照明设施，并设置座椅，配备洗手间等，为老年人，特别是有肌体功能障碍的老年人出行提供最大的便利。在社区还要栽花、种草、植树，扩大社区绿地面积，优化园林景观，使社区绿化美化，增强社区对老年人的吸引力，让老年人愿意置身其间，呼吸新鲜空气，赏心悦目，愉悦心情，增进老年人与老年人、老年人与社区居民间的沟通和交流，为老年人参与社会活动创造良好的空间条件。

（2）社区健康服务支持体系。健康是老年人最基本、最重要的需求，老年友好社区必须建立较为完善的社区健康服务支持体系，从疾病的预防、治疗、

① 李小云，袁金伟．欠发达地区城市老年友好居住环境研究——基于江西省95个社区的实地调研分析［J］．中外建筑，2019（11）：90-94.

② 王俊南，王建珍．基于AIP理念的老年友好社区建设研究［J］．社会与公益，2019（7）：64-66.

康复出发，从老年人的养老服务需求出发，保证老年人的身体健康和疾病救治，并使其享受到高质量的养老服务。社区健康服务支持体系包括社区养老服务机构和社区卫生服务机构两个方面。社区养老服务机构通过提供日间生活照料、上门养老项目服务、智能养老服务等多样化的养老服务方式，为社区内生活不能自理或者半自理的老年人提供专业的养老照护服务。社区卫生服务机构为社区老年人提供方便、快捷、专业化的社区医疗卫生、家庭医生、健康指导及体检等服务。

（3）社区文化氛围与社会参与程度。当今，在大众心理上老年人越来越趋向健康、阳光的生活方式，为此，老年友好社区应积极开展唱歌、舞蹈、戏曲、棋牌等各类社区文化活动，营造良好的文化氛围，丰富社区老年人的文化生活，使社区老年人加强与外界沟通交流，开阔眼界。通过培训使社区老年人学会使用智能手机以及微信等沟通方式，提高老年人的新媒体沟通能力，使其获取信息更为方便、快捷，扩大对外沟通交流，及时了解时事。在全媒体时代，还可开展丰富多彩的“线上”社区文化活动，以微课堂、微视频等新媒体形式，让科普、文艺、普法、义诊等活动进社区，让社区老年人能积极参与进来，帮助老年人增能，增强其社区认同感。重视社区老年人的自身价值，加强老年人力资源开发，鼓励他们结合自身能力、专长、兴趣、爱好等，发挥“余热”，或支持其开展志愿服务活动，或帮助其实现岗位就业，从而最大限度地提高社区老年人的社会参与程度。

3.老年友好社区建设和发展的思路

（1）优化社区宜居环境，加强适老化公共设施的规划与设计。老年人社区宜居环境绝不是社区老年人一个简单的栖身空间环境，而必须集休闲、娱乐、健身、交往多方面功能于一体，突出其“适老化”的特色，满足社区老年人的生活需求，特别是户外生活需求，提升其生活品质和生活水平。优化社区宜居环境，关键是加强适老化公共设施的规划与设计。社区宜居环境适老化公共设施的主要类型如图3-1所示。①

在社区宜居环境建设中，适老化公共设施的规划和设计必须立足我国人口老龄化这一严峻现实，不妥协、不排斥，从社区环境、老年人的身体特点、精神需求等出发，积极寻求更加合理、更加科学的完善路径，为老年人打造人性化的宜居空间，使社区老年人感到舒适，有被尊重感，在身体与精神方面收获双重的愉悦和满足。这重点要从四个方面着手：

① 韦宇欣. 老年社区宜居环境中的公共设施设计［J］. 包装工程，2019（2）：287-290.

- 适老化公共设施
  - 老年静态活动区设施
    - 交谈区设施
    - 阅读区设施
    - 娱乐区设施
  - 老年动态活动区设施
    - 健身器材区设施
    - 球类活动区设施
    - 舞蹈区设施
  - 道路行走区域设施
    - 楼梯道路设施
    - 行车道路设施
    - 无障碍设计专用道路设施
    - 步行道路设施

图3-1 社区宜居环境适老化公共设施类型

① 提高安全性。安全是老年社区宜居环境公共设施设计的根本出发点和落脚点，在具体的设施设计中必须适应老年人的生理机能特征，做到安全可靠。首先设计要具有易用性，让社区老年人使用起来方便至关重要。如为了老年人投入垃圾方便，必须讲求垃圾桶的高度和密封性设计，让老年人使用过程安全自然。其次要突出绿色化设计。老年人较其他群体对健康有更高的要求，因此必须做到绿色化设计，选用节能环保材料，在生产工艺、设计结构、废弃物处理等方面体现节能、环保要求，给老年人带来安全、舒适的使用感受。

② 体现人文性。进行老年社区宜居环境的公共设施设计要体现人文关怀，给老年人以舒适的使用体验，为此要注意观赏性与实用性相结合，设计处理好相关细节，做到方便、安全、美观、耐看且富于变化。老年社区的公共设施选址要从安全出发，放置在人们易看得见的地方，其地面铺装、照明设施、花草树木等要保证老年人使用方便，同时满足老年人透光、遮阳等特殊需求。每50～100米距离，要设置步行休息场所，并配置数量充足的休息座椅，实现多点摆放，保障老年人能随时找到座椅坐下休息；保证一些座椅适当配备桌子，满足老年人打牌、下棋和社交等户外活动需要；座椅靠背、扶手要适合老年人的生理特点，既坚固结实，又舒适安全，使老年人坐下能够彻底放松身体。在设施色彩和材料设计上，适应老年人的视觉感受，选择明快、柔和的色彩和受温度、气候等因素影响较小的材料，精心设计，给老年人带来视觉愉悦，使其在使用中增加快乐的情绪体验。

③ 彰显文化性。为了满足社区当地居民的文化需求，尊重与延续本土文化，适老社区宜居环境的公共设施设计应融入文化元素。一是可以运用吉祥符号。老年人大多希望自己和家庭吉祥如意，因而对吉祥符号情有独钟，例如“福”文化符号，在进行公共设施适老化设计时，可以将它融合到设施的整体设计中去，既装饰了程式化的公共设施，又顺应了老年人的求“福”心理，凸显了幸福美好的意境，

形成独特的文化氛围。二是可以运用节庆民俗艺术符号。节庆民俗艺术符号是适老化社区宜居环境公共设施设计体现文化性的又一个重要方面，融入节庆民俗艺术符号可以给公共设施带来耳目一新的非凡体验和效果。例如在我国的传统节日——端午节，民间有吃粽子、赛龙舟、悬挂艾草、饮雄黄酒等习俗，将这些典型形象的艺术化设计融入社区环境设施的设计之中，可以激发深藏老年人内心的民俗情结和传统情感，给老年人以精神上的愉悦和心理上的满足，从而增强老年人的民族自豪感和文化归属感。

④ 突出易行性。有研究表明，社区步行环境是影响老年人的社区生活活跃度的一个重要指标，二者存在正相关关系，即如果社区具有较高的易行性，可步行度高，则社区老年人的活跃度、出行频次也相应提高，相应地老年人的社区环境满意度和幸福感也会提升。因此，在社区道路行走区域设施建设上，社区应着力提高社区空间的易行性，推出“易行社区”，构建安全性、便捷性、步行舒适度和可达性兼具的社区道路行走空间，提供完善的步行系统。对社区的道路停车系统一定要合理安排，停车空间侵占步行空间的现象要尽可能避免，使社区公共空间和公共服务设施的可达性得以实现。为满足社区老年人、残障人士出行的需要，社区要配置无障碍设施，用坡道代替阶梯，道路的坡度要适度，设置防滑的道路铺装并易识别，为老年人等弱势群体提供最大的出行便利。老年人在写意的社区景观中漫步，“安步当车”，可很好地满足其户外步行、开展体能活动、进行社会交往的需要，减少精神压力，促进老年人的身心健康，提升老年人的幸福感和社区归属感，增强社区的吸引力和凝聚力。

（2）强化社区健康服务支持体系建设，提高社区涉老服务水平。具体要从以下四个方面着手：

① 合理布局社区健康服务设施。根据社区老年人口分布及社区老年人日常生活圈的状况，在对社区老年人的医疗保健、养老服务等需求进行充分调研的基础上，优化社区健康服务设施的选址和布局，配置与社区老年人口分布相匹配的健康服务设施和机构。其选址应充分考虑方便社区老年人的光顾和使用，可以根据老年人的出行规律、身体状况、心理特点等重点探讨5分钟、10分钟生活圈的范围及要素，对社区老年人使用频率较低的社区健康服务设施，可布置在10分钟 的步行距离内，而对社区老年人使用频率较高的社区健康服务设施，宜布置在5分钟的步行距离内，从而尽可能给社区老年人使用设施带来便利。值得注意的是，对于老龄人口占比较大的老城区的社区，大多数老年人喜欢原居安老，不愿意搬离老城区，因而可以采取有效措施加强在这类社区配置健康服务设施。

② 在社区积极倡导“医养结合”“养护结合”的养老机构发展模式。要将社区老年人及其家庭、社区居委会、养老服务机构和医疗卫生设施等有机结合起来，转

变养老机构的服务方式，突出医养结合、养护结合，丰富养老机构的模式和类型，为介护、介助、自理等不同身体机能的社区老年人提供相应的医疗、护理、康复、照护等服务。社区中既要有面向健康老年人的老年公寓、老年日间照料中心，也要有为介护、介助老年人提供专业照护服务的专门机构，为这类老年人提供护养型床位，提供专业照护服务。

③ 为社区老年人使用公共服务设施提供最大方便。在为城市社区所配建的行政管理、医疗卫生、教育培训、社区服务、文化体育等公共服务设施中，由于老年人与年轻人作息规律的差异，社区老年人使用这些公共服务设施的时间和年轻人有较大的不同，这就要求针对社区内外的公共服务设施，建立使用主体置换和共享机制，对设施空间进行整合或者错峰使用，最大化地满足老年主体的需求，提高设施的利用率，避免重复建设。如社区养老机构的医疗卫生设施除了为机构内老年人提供服务外，还可以为社区内其他老年人提供服务；教育设施可充分利用寒暑假等时间段向社区老年人开放，为其提供教育培训服务。此外，社区还可通过多种方式，对已经搬迁的或者闲置的公共服务设施进行有效置换，使其成为新的老年服务设施，为社区老年人所用。

④ 推进养老服务信息系统建设。以城乡社区综合服务管理信息平台为基础，对全区域各社区居家养老服务中心、服务站点等信息进行全面整合，充分利用网络资源，借助互联网技术，统一软件标准、统一操作流程，打造社区居家养老信息化服务平台，为老年人提供医疗、护理、家政、照护、康复、救援等全方位的呼叫服务，实现社区养老服务业务协同运作和信息共享，使社区居家养老的基础性作用得以充分发挥，为社区老年人提供高效、便捷、开放的信息化养老服务。[①]

（3）整合社会资源，合力推动老年友好社区建设。老年友好社区建设需要方方面面的利益主体采取自下而上或自上而下的方式共同参与建设，这些利益主体包括政府、企业、社会团体、志愿组织、社区服务机构、社区自治组织、社区居民等。为社区老年人提供公共交通、文化娱乐、体育、教育等公共服务，也离不开这些利益主体，需要各类公共和私营机构相互合作才能满足社区老年人多样化的服务需求。政府要充分发挥自身在建设老年友好社区中的主导作用，尤其是发挥政府的政策引导作用，各级政府要深入社区调研，制定切实可行的老年友好社区建设和发展政策，完善相关法律法规，统筹管理，全面协调，全程支持老年友好社区建设和发展。要拓宽推动老年友好社区发展的融资渠道，充分发挥社会公益机构等各类非营利组织的作用，吸引各方面的力量积极参与到老年友好社区建设和发展中来，对支

① 刘志永．促进粤港澳大湾区健康和老年友好型城市发展过程中政府与市场的作用研究［J］．工程技术研究，2019（5）：222-223，233.

持相关建设和发展的企业、社会团体及个人等实施税收优惠，合力推动老年友好社区的建设和发展。充分发挥社区老年健康服务行业的市场优势，整合各类社会资源，吸引社区、家庭、企业和其他的社会力量积极投身社区老年健康服务行业，共同完善社区健康服务环境，推动社区健康服务向专业化、规范化、连锁化方向发展，形成服务主体多元化、服务人员专业化、服务项目产业化、运作格局社会化的社区健康服务体系，为社区老年人提供满意周到的服务。

（4）培育老年友好社区发展的文化氛围。社区应注意经常性地与老年人进行沟通交流，积极听取老年人对友好社区建设和发展的期许，营造相互平等沟通的氛围，积极完善社区文化环境和社区基础设施建设，改善老年友好社区建设和发展方面不友好的现状，为社区老年人参与社会活动创造条件和机会，实现老有所为。要通过各类新闻媒体、网络媒体进行敬老、爱老、助老的宣传，弘扬传统敬老美德，提高社会大众赡养老人的责任意识，消除对老年人弱势形象的偏见，营造尊老、敬老的文化环境和社会和谐氛围。在社区建立老年协会、老年活动小组、老年兴趣小组等各类非正式组织，引导社区老年人开展各种文化活动。开辟老年大学社区教育站点，创新课程体系和教育教学方法，为社区老年人提供多样化的教育服务，丰富其晚年文化生活，营造和谐社区。成立社区老年志愿服务组织，建立相关制度，探索运行机制，打造社区养老服务时间银行，为社区老年人开展义工服务、互助服务储备时间，提高社区老年人的自我服务、自我管理水平，实现社区老年人互助养老。

案例研究

市场参与社区养老服务的上海市“点帮帮”服务平台

社区服务是社会工作的重要载体和平台，一直以来社区服务的福利属性与社会工作的福利属性不谋而合。社区服务的发展越来越需要社会资本的力量来激活其新的发展活力。如何在社区服务的发展过程中引入社区资本同时保障其市场化的属性与社区服务的福利性属性并行发展，成为当下社区服务领域市场化探索的重要方向。“点帮帮”服务平台在上海市浦东新区北蔡镇辖区内社区养老领域的实践探索，正契合了社会资本激活社区新活力的发展趋势，对社区养老服务提供了一种新的思路。

（1）市场参与社区养老服务的发展现状。

①上海市浦东新区北蔡镇社区发展概况。上海市浦东新区北蔡镇，地处浦东新区西南部中心腹地，东靠张江高科技园区，西面是南码头街道，南依康桥镇工业开发区，北靠花木街道，是上海市一个比较典型的城乡接合部市镇。全镇总面积

23.71平方千米，下辖9个街道和51个社区居委会，现有常住人口27.75万人，60岁以上老年人有2.33万人，占户籍人口总数的19.12%。2015年北蔡镇全年完成社会总收入400余亿元，农村居民人均可支配收入3.22万元。至2015年年底，镇、村、队三级集体净资产23.55亿元，同比增加5.4%。开展农村集体经济组织产权制度改革后，全面完成全镇35个村民小组、1 761户农村家庭土地承包经营权确权登记。按照上海市浦东新区的建设部署，北蔡镇全面推广"1+1+X"基层工作法和"六民六步法"，成立村务监督委员会，修改完善《村民自治章程》和实施细则，推进居民小区业主自我管理、自我服务。注重引导社区内企事业单位、社会组织等参与和商业街区负责制管理，打造多方融合、共同参与社区共治的新局面。

上海市浦东新区北蔡镇有社会治理网和便民服务网两个政务管理服务网。2007年之前，各个街道乡镇的政务服务由区政府统一提供。2007年，北蔡镇及浦东新区各街道乡镇成立24小时全天候网格化管理中心。上海"12345热线""司法110热线"等多条线路同时接入网格化管理中心。截至目前，社区内的老年居民通过网格化管理中心的热线电话就能够享受到专业的心理咨询、家政服务、社区医疗等便民服务。此外，北蔡镇的网格化管理中心和浦东新区其他街镇存在不同之处。北蔡镇在镇级网格的基础上划分了三块分网格作为实体化运作的网格化管理中心的次级机构，主要是将公安、城管、安监、药监等多个部门的职能相结合，针对辖区内的治安、违法经营等问题进行综合治理。网格化管理中心注重调动居民参与社区治理的积极性，社区内的每一个居民都可以进行"随手拍"，依托浦东新区网格化管理App，将辖区内遇到的各类社会问题及时通过手机终端上传至网格化管理中心。

从北蔡镇的镇域经济、镇区治理、镇区服务等多方面的发展现状来看，北蔡镇经济的发展状况与社区服务的供给状况以及社区居民对于社区服务的需求之间在很长一段时间内都处在一个"不均衡"的发展状态。也正是由于镇区的社区服务尚未形成稳定的服务模式，北蔡镇才能够有更为广阔的空间来实践多种社区服务的模式。面对"老龄化"趋势在北蔡镇多个社区凸显和传统的政府"治理+服务"的社区服务供给模式无法适应社区居民的养老需求的挑战，北蔡镇在加大财政资金投入基础上，纳入更多的社区服务供给主体来满足多样化的社区服务需求，积极探索引入社会资本参与养老机构建设、运营、管理的模式。

②"点帮帮"服务平台的社区养老服务。2015年9月，北蔡镇政府通过政府购买公共服务的方式与互联网公司——"点帮帮"网络科技有限公司达成合作，在北蔡镇下属的10个"老龄化"程度比较高的社区建设社区服务平台，主要针对社区内常住人口中的老年人提供社区养老服务。"点帮帮"公司根据社区实际情

况设计出了健康档案、营养配餐、便民缴费、快递收发等32项服务产品，覆盖大多数社区老年人群体日常生活所需要的服务。2016年2月，“点帮帮”又针对社区老年人群体的子女开发了智能手机软件，依托线上App终端与线下社区服务站的联动，进一步提升了社区养老服务的质量。在试运行的一年中，其线下社区服务站接待社区老年人累计达到30万人次，手机客户端的用户活跃度也在70%左右。

第一，“点帮帮”服务平台的目标设计。“点帮帮”服务平台将解决社区养老服务“最后一公里”的难题作为设计目标。一直以来，北蔡镇政府所面临的最大的社区服务领域的问题就是如何落实到“最后一公里”的问题，这也是社区居民对于社区服务最大的需求。设立服务大厅的“集中式”服务方式已经无法满足社区居民尤其是社区老年人的现实需求，这就需要服务方式的分散。作为主营网络业务的公司，对“点帮帮”公司来讲，将目光转向“非营利”的社区服务领域是一次大胆尝试。“点帮帮”公司是在协助北蔡镇政府探索“智慧社区”建设中发现了落实“最后一公里”服务的不足，因而将“智慧社区”的重点放在了如何做好“最后一公里”的服务中。

第二，“点帮帮”服务平台的服务项目。“点帮帮”服务平台已经在北蔡镇建设了10个试点，在试运行的一年中，“点帮帮”服务平台在线上线下的协作运营中，创设了三大类社区养老服务项目，包括公共服务、社区服务与产品服务。不但能够将线上的“大数据”支持与线下的社区服务统筹起来，还能将社区内部各种潜在的资源凝结起来共同致力于社区养老服务的发展。综合“点帮帮”服务平台为社区所提供的各项服务，可以看出，平台将社区养老服务作为其服务的核心和重要组成部分，同时将社区公共服务和自身开发的产品服务作为养老服务的支持性服务。

一是“福利性”的公共服务。“点帮帮”服务平台提供的社区公共服务是指通过政务服务内部信息化建设和办事审批服务的下沉与延伸，提供精准化和个性化的服务。平台现有的公共服务主要是为社区居民提供政务咨询，帮助居民了解政务服务项目的前期流程和需要准备的前期材料，提高居民的办事效率。截至目前，“点帮帮”服务平台已经接入了北蔡镇派出所相关服务。平台接入这些服务之后，很多项政务服务就实现了下沉延伸，居民直接在服务站就能够进行前期准备材料的咨询、下载和表格填写，将准备好的材料送到派出所或者办事大厅即可，免去了前期准备材料的大部分时间。这样一来，社区居民便可以在家门口接受政务咨询服务，再到服务大厅接受政务办理服务，虽然看上去居民接受公共服务的环节增加了，实际上减少了由于信息不准确所造成的重复办理的情况。“点帮帮”服务平台在试运行结束之后将直接接入政务大厅的很多服务，从而使社区居民享受到便捷的“最后一公里”服务。“点帮帮”服务平台通过满足社区居民对公共服务的“刚性需求”，在最短的时间内使居民认可其服务的质量和效果，顺利解决了“入驻”社区所面临的无人理睬的问题，同时在实际运行效果上也为其服务的延伸与拓展打下基础。

二是“双重价值”的养老服务。如何让社区居民能够认同服务平台的服务，同时对接受服务平台提供的各项服务产生一种“惯性依赖”，这是“点帮帮”平台存在和发展的必要条件。通过大量的前期调研与试验性服务，“点帮帮”最终将社区养老服务作为其服务的切入点，在保障服务质量的同时也恰当地使其服务的公益性和作为企业经营的营利性相融合，这使得其服务具备“双重价值”。“点帮帮”服务平台提供的社区养老服务价值首先体现为“公益性”价值。平台现有的社区养老服务主要是健康档案服务和营养配餐服务，这两项服务在很大程度上为社区老年人解决了饮食和健康的需求，缓解了家庭养老模式的负担。“点帮帮”服务平台提供的健康档案服务，主要是定期为老年人提供体检并进行数据记录，社区居民每进行一次体检，社区服务站的工作人员都会将体检者的身体数据输入到“点帮帮”App后台数据库中，并及时推送给体检者；针对老人手机使用率不高的状况，“点帮帮”公司在App中内嵌了亲友关注功能，不需要老人们安装App，老人的子女可以在自己的手机App中关注到父母的身体数据和健康状况；后期，“点帮帮”服务平台将同社区医院进行对接，居民个人的日常健康数据可以转移到医院与医生进行共享，医院进行的定期老年体检情况也可以共享到“点帮帮”App的后台数据库；最终，社区服务站的工作人员可以根据这些数据分析结果为前来体检的居民进行义务健康提醒。“点帮帮”服务平台为社区内老年人准备的“营养配餐”服务，是根据老年人的身体状况为老年人定制有营养含量的餐食，有低盐系列、高钙系列、降压系列等，“营养配餐”服务的核心理念就是营养、健康、经济实惠，这一核心理念同时也是配餐公司的准入门槛。“点帮帮”服务平台引入了家政服务、心理咨询、便民菜篮等一系列与社区养老相关的服务项目，这些项目不是完全由“点帮帮”平台作为唯一的主体进行服务供给，这就是其在提供社区养老服务过程中所展现的第二重价值，即构建社区养老服务“生态”的价值。市场经济组织与政府合作为社区养老供给服务，比传统单一的政府供给服务面临更大的社区居民“信任”问题，而打造社区养老服务生态，提升服务质量，将服务供给者和社区居民都纳入到一个良性循环的系统中。

三是激活社区活力的产品增值服务。“点帮帮”服务平台除了提供必要的公共服务和迎合社区需求的养老服务之外，也结合社区居民的现实需求，研发相应的产品服务，提升社区居民的公共参与意识。例如针对北蔡镇社区的党建服务需求而重点开发的党建服务。社区党建原先归属社区居委会进行统一管理，但是管理起来难度比较大，社区中的很多党员虽然居住在社区，但是其党员关系并不在社区，由于居委会党组成员数量和能力有限，一直以来北蔡镇都没有形成一套完善的党建服务模式。“点帮帮”利用其线上线下联动的运营优势，对党建服务方面的功能进行了模块化设计，包括活动发布、党建风采、在线学习、党员之家等。该项服务分为线下学习和线上学习两部分，线下学习针对的是社区中年龄比较大的老年党员，线上学习针对的是社区中流动性较大的年轻党员。借助线上和线下学习的联动，社区整体党建活动的参与度得到了显著提高。

（2）“点帮帮”平台的“合作化”介入路径。

“点帮帮”社区公共服务平台在介入社区养老服务的过程中，同政府的养老政策、现有的社区养老服务和传统的家庭养老服务模式之间存在着以下的协同关系，从而起到对多方养老服务资源的聚合作用：

①契合现行养老政策。《国务院办公厅关于全面放开养老服务市场提升养老服务质量的若干意见》（以下简称《意见》）中明确指出了当前我国城市社区所面临的人口老龄化现象所带来的老年人不断增长的服务需求与养老服务业的发展现状不匹配的社会现实。为缓解人口老龄化对当前中国养老服务所带来的压力，《意见》将“深化改革，放开市场”作为提升养老服务质量的首要举措。同时，我国正在推进居家社区养老服务的全覆盖。在养老服务的供给方式上，通过“互联网+”的方式，推进养老服务供给方式的创新，将互联网、大数据等同养老服务相结合。另外，对养老服务领域采取政府和社会资本合作方式的项目，国家也有很大力度的支持和补贴，其中规定在城市可将国有建设用地使用权作价出资或者入股项目建设。

《意见》中所提到的对市场参与、社区养老服务、“互联网+养老”等方面的发展规划和支持措施反映了当前养老市场所存在的巨大服务缺口，而“点帮帮”服务平台作为一项社会资本同政府合作建设的项目，正契合市场参与养老服务所提出的要求。特别是在激活社区养老服务和推进“互联网+养老服务”的服务供给模式上，“点帮帮”服务平台更是充分发挥了在智慧服务与社区建设领域的业务优势。

②介入社区养老服务。“点帮帮”服务平台充分挖掘了社区中的内在资源。首先，同街道和社区居委会进行对接，依靠街道和社区居委会的力量在社区老年人群体中进行充分推广。其次，为了解决新服务进社区时所面临的“信任”问题，在布局线下社区服务站时，同社区居委会联合，线下服务站的工作人员均为社区内的本地居民。再次，为进一步扩大服务平台影响力，鼓励社区居民多元参与，“点帮帮”服务平台专门打造“党建服务”平台，让社区老年人有了更为广阔的活动参与平台。最后，“点帮帮”服务平台充分链接了外部社区养老服务资源。“在社区养

老”单纯依靠社区中内聚的养老服务资源是很难满足需求的，仅依靠“点帮帮”服务平台也是远远无法满足需求的。因此，“点帮帮”服务平台在开展社区养老服务的过程中充分链接来自政府、第三方服务提供者的养老服务资源，而且在链接众多社区外服务资源的过程中还和社区居民一同成为这些服务的监督者，从而让社区老年人在社区范围内就能够得到优质的社区养老服务。

③联结家庭养老模式。社区是城市社会的基本组成部分，而家庭又是社区的基本单元。家庭养老模式是中国最为普遍的养老方式。家庭一直以来给予老年人关怀、照护、陪伴等服务，而且在家庭中为老年人提供服务的往往是老人身边亲近的子女、亲属，使得老人更加具有归属感。然而，家庭养老模式也有其自身不足，首先，家庭养老服务大多是以照顾和陪伴为主，缺乏专业性服务，尤其是在医疗方面，单单依靠家庭养老的方式往往很难对老年人的身体状况进行及时有效的监测；其次，如果仅依靠家庭养老，老年人会有大量的时间独自在家，缺乏足够的社会参与，这容易使老年人逐渐降低自我效能感，容易陷入孤独和自卑情绪中；此外，由于计划生育政策所导致的“4-2-1”家庭模式普遍存在，家庭养老模式或多或少地会给独生子女家庭带来压力。

“点帮帮”服务平台在介入社区养老服务的过程中重视同家庭养老模式的合作，其所供给的多项服务都直接弥补了家庭养老模式的不足，以这种方式来让社区和家庭共同分担养老的压力。平台的“健康档案”和“营养配餐”都是专门为补充家庭养老模式所设计的专门性服务，目的就是让老人在子女不在家时也能够得到一些基础饮食和健康方面的服务。

(3)“点点帮”平台的“分散化”运营机制。

“点帮帮”服务平台作为市场主体参与供给社区养老服务，在其具体运行过程中，同政府、居民、第三方服务提供商之间产生多种多样的合作关系。但是在合作的基础上，“点帮帮”服务平台的市场主体背景使得其在介入社区养老服务过程中必须采用市场化的运营机制，因此面临着服务公益性和营利性之间如何平衡的问题，主要体现在三个方面：一是社区养老服务的运营成本由谁承担，二是社区养老的具体服务由谁来供给，三是参与社区养老服务的各个主体如何获得各自的效益。而这三个问题的解决，得益于“点帮帮”服务平台运用市场化机制和互联网企业思维，分散了运营成本、吸纳了多元服务主体，最终实现社区养老服务供给方式所产生的社会效益的共享，对此，笔者将其定义为“分散化”的市场运营机制。

①分散运营成本。“点帮帮”服务平台在进驻社区之后，面临着“高投入”的问题，从“互联网+社区养老服务”的“先行者”率先做起，得以在资本市场上募集到大量的资金来承担先期的建设成本，而这些来源于资本市场的“热钱”并不急

于看到这一项目的成效，而是等待其服务平台真正达到一定程度的覆盖率之后，从其形成的规模效益中来谋取相应的效益。因此，“点帮帮”服务平台所供给的养老服务先期的建设成本首先是由商业领域的资本市场来提供的。其次是建设成本同政府共担，“点帮帮”服务平台大规模的资本投入只是其试运行期间的前期成本投入，在其前期运营效果得到上海市政府的认可之后，就将通过政府购买服务的方式来承担建设的部分成本。而得益于政府的帮助，其品牌化的建设过程也将进行得更加顺利，这种养老服务的供给模式将在上海市的更多社区中得到推广。再次，其运行成本是与第三方养老服务提供商来共同承担的。“点帮帮”服务平台自身并非专业的养老服务机构，其“平台化”运营模式的重点是在服务的供给者和服务的接受者之间搭建一座“桥梁”，同时也制定通过这座“桥梁”进入社区养老服务的标准。所以，多项社区养老服务的运行成本实际上是由多元类型的第三方社区养老服务供给主体来承担的。

②吸纳多元主体。“点帮帮”服务平台在解决了成本问题之后，面临的下一个问题就是企业自身的业务与社区服务需求不相匹配的问题。结合社区内老年人所需要的养老服务类型，“点帮帮”服务平台将社区中老年人的需求分成了多种类别，分别是公共服务的需求、养老服务的需求和社区参与的需求。“点帮帮”服务平台巧妙地将这三种服务同三个相关的主体进行合作，从而实现了吸纳多元主体的服务过程。

首先，在社区老年人需要的公共服务方面，北蔡镇政府通过将一部分社区公共服务权力下放来解决社区居民所需要的服务“最后一公里”问题。“点帮帮”公共服务平台利用线下建设和线上建设联动的方式不仅解决了社区公共服务的“最后一公里”问题，更是直接将这一距离缩至社区居民家门口的“最后100米”。

其次，在契合社区老年人养老服务方面，“点帮帮”服务平台一方面通过健康档案服务，将社区服务平台提供的健康数据服务与老年人的家庭照顾相结合；另一方面通过营养配餐、家政服务等具体的服务缓解家庭养老所面临的巨大压力。这既弥补了家庭养老在时间和空间上存在的不足，也将服务平台的部分服务压力分散给了家庭，实现家庭养老模式与社区养老模式的有效联结。

除此之外，第三方养老服务提供商在这一过程中成为社区养老服务的重要供给主体，特别是在家政、餐饮等方面，需要相关的企业、社会组织等能够提供标准化的相应服务。“点帮帮”服务平台在运行过程中积累了一定的品牌效应，为制定市场主体参与社区养老服务的标准进行了有益探索，促进整个社区养老服务生态的良性循环。

③分享社会效益。“点帮帮”服务平台在运营成本和服务主体上的“分散化”操作，使得参与到这个养老服务供给体系的所有相关主体能够共享“点帮帮”服务

平台所创造的丰厚社会效益。

首先，政府在“点帮帮”服务平台的运营过程中扮演项目发起人的角色，政府通过下放部分社区公共服务的权力，引入了社会资本运营社区养老服务，加之社区中老年人普遍将“点帮帮”服务平台与政府便民工程等同，这使社区居民对“点帮帮”服务平台的积极评价转化成对政府便民工程的积极评价，从而实现了政府权力下放转换成政府公信力提升的效果。

其次，对第三方社区养老服务提供商来讲，原先进驻政府管辖的社区养老服务体系准入门槛较高、专业性较强、困难较大，而在“点帮帮”服务平台的运营模式中，第三方社区服务提供商不接受政府的挑选和把关，而是直接面对服务平台以及社区居民。这样的服务准入体系使得整个服务供给模式可以吸纳更多的服务提供商，而直接面对社区居民虽然个体利润微小，但是结合“点帮帮”服务平台正在形成的规模，其产出的稳定的集聚效益是非常可观的。

最后，对社区老年人也就是这套服务模式的接受者来说，由于“点帮帮”服务平台其本质上是公益性的，虽然具备一定程度的营利性，但是其营利性并不是直接指向社区居民，因而社区老年人在这套社区养老服务供给模式中首要获得的效益是社区养老服务需求得到满足。而且，“点帮帮”服务平台在社区养老服务和家庭养老服务之间的联结，使家庭养老模式所担负的压力得到了一定程度的释放，进而将家庭部分养老需求转化到了社区养老服务的供给体系中，促进其更好地发展。此外，在家庭养老向社区养老转化的过程中，社区老年人的参与度得到提高，有更多的机会和话语权参与到社区养老服务供给体系的决策中来。

近年来，我国的养老服务业快速发展，服务体系日渐完善，但仍然面临着福利性社区养老服务不足以支撑城市社区养老服务需求的局面，养老对于家庭和社会的负担依然没有减轻。“点帮帮”服务平台的运作模式是在“互联网+”时代下，通过社区养老服务领域的有限市场化而产生的一种新的“社区照顾”模式。这种模式以企业这一市场主体作为聚合养老服务资源的枢纽，利用社会策划的方式，力图构建一套社区养老服务支持系统来缓解养老给家庭和社会带来的压力。在这种模式的开展过程中企业自身无法满足社区老年人对养老服务的需求，需要寻找同政府、社区、家庭之间的契合点来达到合作的目的，从而发掘社区内部资源，同时联结社区外部资源。在合作的同时，市场参与主体企业需要在参与的过程中利用“分散化”的市场运作机制来分散服务平台的建设成本和服务供给压力，同时与其他社区养老服务参与主体共享多样化的社会效益。此外，这一模式具有“平台化”和“信息化”的运行特色，这是保持服务平台高效运行的基础。

思考与讨论：

（1）上海市“点帮帮”服务平台的养老服务功能体现在哪些方面？

（2）结合本案例谈谈市场参与社区养老服务的途径。

（3）上海市“点帮帮”服务平台运营商有何独到之处？

（资料来源：莫鑫，梁天屹．市场参与社区养老服务途径探析——以上海市“点帮帮”服务平台为例［J］．社会治理，2019（1）：78-84.）

第四章　机构养老服务创新发展

促进机构养老服务提质增效。聚焦高龄及失能失智老年人长期照护服务的刚性需求，重点扶持发展满足基本养老服务需求、服务高龄及失能失智老年人的养老机构，不断提高养老机构对高龄及失能失智老年人的照护能力。有条件的地方可针对失智老年人的特殊照护需求，支持建立失智老年人照护机构。进一步深化公办养老机构改革，坚持公办养老机构的公益属性，提升护理型床位占比，明确护理型床位建设标准，重点为特困人员、经济困难的失能失智老年人、计划生育特殊家庭老年人提供托养服务。探索多样化的经营模式，引导社会力量根据市场需要，兴办面向中高收入家庭的养老机构，构建全方位、多层次、立体化的养老服务体系，满足多元化、便利化、个性化服务需求。

——民政部《关于进一步扩大养老服务供给 促进养老服务消费的实施意见》

（民发〔2019〕88号）

我国自1999年迈入人口老龄型社会以来，人口老龄化进程不断加快，已接近深度老龄化社会。随着家庭结构的变化，家庭养老功能的减弱，机构养老在城乡养老方式中占据着越来越重要的地位。因此，深入了解养老机构发展现状和困境，加强机构养老服务体系的构建，促进养老机构良性发展，是养老服务创新发展亟待解决的问题。

一、社会养老机构的界定与分类

1.社会养老机构的界定

尽管我国各类社会养老服务机构发展迅速，但称谓却始终不统一。大部分文献包括一些政府文件习惯将为老年人提供服务的机构简称为“养老机构”，如2018年修正的《中华人民共和国老年人权益保障法》第四章用的是“养老机构”，有时又用“社会福利机构”、“居家养老机构”与“社区养老机构”等概念。称谓不统一，造成适用法律和管理上的混乱。[①]

（1）“社会养老服务机构”与“社会福利机构”。“社会福利机构”是指国家、社会组织和个人举办的，为老年人、残疾人、孤儿和弃婴提供养护、康复、托管等服务的机构。这里为老年人提供的是一种有床位的、住养性的服务。

“社会养老服务机构”的内涵和外延更为宽广，不仅包含提供住养服务的机构，还包括提供其他服务与照料的机构，如提供出游出行照顾、沐浴理发照顾、购物照顾、居家护理、送餐服务、日间照护、心理支持、精神慰藉，以及提供临终照护、植物人照顾等服务的机构。

（2）“社会养老服务机构”与“居家养老机构”“社区养老机构”“养老机构”。“居家养老机构”“社区养老机构”“养老机构”分别指提供居家养老服务、社区养老服务和机构养老服务的组织与机构。

居家养老原本是一种传统的养老方式，指老年人主要依靠家庭在家养老。养老负担完全由家庭承受，子女往往不堪重负。2008年《关于全面推进居家养老服务工作的意见》正式提出全新的居家养老服务概念，指老年人不离开家庭便可以享受各种养老服务机构提供的家政服务、医疗服务、生活照料、康复护理、精神慰藉等多种类型服务，以上门服务为主要形式。

社区养老具有社区日间照料和居家养老支持两类功能，主要以社区为中心，结合国家兴建的社区服务设施，对本辖区内的老年人提供日托或短期托养服务，并为居家养老服务提供基本的服务平台。

机构养老是指老年人离开家庭，居住在养老院、老年公寓、敬老院、社会福利院等养老机构接受照顾与服务。它与家庭养老模式、社区养老模式的主要不同之处在于该模式要有专门的养老机构作为老年人的主要生活场所。

我国社会养老服务体系由居家养老服务、社区养老服务和机构养老服务三大部

---

① 汪沂．社会养老服务机构的法律规制［J］．南京人口管理干部学院学报，2013（10）：49.

分组成，以提供其中任何一类养老服务的机构指代所有的社会养老服务机构不免以偏概全，而“社会养老服务机构”不仅可以将所有为老年人提供服务的组织机构统一起来，且与社会化养老服务的理念更加匹配。

2. 社会养老机构的分类

养老机构是机构养老模式的实施载体，所以在对机构养老模式进行分类时，通常是根据养老机构在服务对象、出资及运营主体、营利性等方面的差异进行划分。具体来说主要有以下三种划分方法：

（1）根据主要服务对象的不同，我国养老机构可分为敬老院、福利院、老年公寓、护养院、护理院等。敬老院、福利院主要服务城镇“三无”老人和农村“五保”老人以及需要特殊照顾的老年人群；老年公寓主要服务能够自理的老人；护养院、护理院则主要服务那些介助老人和介护老人。

（2）根据社会养老机构的出资与运营主体的不同，可以把养老机构划分为以下四种主要类型：

① 公办型。这是一种由政府出资建设、管理并营运的模式，各地的公有制养老机构大都属于这种模式。这些机构大多建于20世纪五六十年代，以往以收住“三无”“五保”老人为主，随着社会福利的社会化，这类养老机构也开始面向社会开放，但经费仍由政府财政全额拨款，工作人员为行政事业单位编制，本质上依然属于社会福利型机构。

② 公办民营型。这是一种由政府出资兴建并提供主要运行费用、由民间组织承包运营的模式。这种模式与公办公营模式的区别在于将养老机构的所有权与营运权分离，国家和集体不再包揽一切，而是交由社会中介组织或社会服务组织具体管理。这种模式的特点是所有权与营运权分离，政府只充当“后台老板”，这就有利于在保留公有机构的公益性和福利性的同时提升养老机构的营运效率。

③ 民办公助型。这种模式是指民间组织开办养老机构，为老年人提供非营利性的机构养老服务，即在民政部门注册登记为“民办非企业单位”。这类养老机构的运行成本除主要来源于入住者的缴费外，政府的建设、营运补贴以及社会的捐赠也是重要的组成部分。

④ 民营型。这种模式是指由私人部门投资兴办养老机构，以营利为目的而提供经营性养老服务，在市场监管部门注册登记为“民办企业单位”，属于营利性的养老机构。由于养老服务具有社会公益性，政府对这类机构也会给予政策扶持，但这类养老机构的运行不是靠政府资助而主要是靠收费来维持。[①]

（3）按照养老机构的营利性，可以分为非营利性养老机构（如福利院）和营利

---

① 王莉莉. 中国城市地区机构养老服务业发展分析［J］. 人口学刊，2014（4）：86.

性养老机构（如大多数护理院、护养院）。[①]

二、机构养老的定义和属性

1.机构养老的定义

机构养老是指福利院、老年服务中心、老年护理院等社会养老服务机构（不含社区中的托老所等养老居所），依靠国家资助、亲属承担或者老年人自助等方式按月交纳规定的费用，从而获得食宿、生活照料、护理、精神慰藉等专业服务的养老模式。

机构养老以各种养老服务机构为载体，在养老机构内通过规范的管理整合各类专业养老服务人员，向入住养老机构的老年人提供有偿或无偿的生活照料与精神慰藉，以保持老年人生活品质，使其安度晚年。

机构养老的出现是与家庭养老模式的发展相伴随的，在我国传统的养老模式中，很长一段时间里都是以家庭养老为主。近年来，随着我国人口老龄化现象愈加严重，老年人的赡养问题日益突出。由于人口预期寿命的延长和计划生育政策的实施，呈“421”型代系人口结构的家庭逐渐增多，由此带来的家庭承担养老的功能日趋减弱，越来越多老年人的赡养模式从家庭养老转变为机构养老。

中国的机构养老兴起于20世纪50年代后期，城市中为社会福利院，主要是收养城市中的“三无”老人；农村中为敬老院，集中供养五保户。这些机构具有很强的救济性、慈善性，属于国家公办性质，多为非营利性福利机构。我国现代意义上的机构养老模式是改革开放以后发展起来的。1979年，民政部明确了养老机构的福利性质和发展方向，从此以后，养老机构的种类逐渐增多，老年公寓、护理院等新形式的养老机构逐步发展起来。2000年后，在我国政府高度重视和大力扶持下，各类养老服务机构得到迅速发展，我国机构养老模式进入较快发展阶段，截至2017年，各类养老服务机构和设施已达15.5万个[②]。从机构养老发展必要性方面来看：一是我国老年人口逐渐增多，老龄化问题日益突出；二是我国“421”家庭结构带来的特有养老问题，形成了巨大的、多层次的养老服务需求；三是我国经济社会的高速发展，使得各级政府及社会公众更加关注民生问题。从可能性方面来看：一方面是我国市场经济深入发展，家庭服务市场不断开放；另一方面是人民收入水平提高后对机构养老服务也具有了购买力。[③]

① 黄耀明，陈景亮，陈莹．人口老龄化与机构养老模式研究［M］．长春：吉林大学出版社，2012：10.

② 王莉莉．中国城市地区机构养老服务业发展分析［J］．人口学刊，2014（4）：83-92.

③ 陈景亮．中国机构养老服务发展历程［J］．中国老年学杂志，2014，34（13）：3804-3806.

机构养老在发挥养老服务方面有着无可比拟的优势。机构养老能够为老年人提供量身定做的个性化服务，满足老年人个性化需求，丰富老年人精神文化生活，提高老年人晚年生活质量。

机构养老规模大小不同，可以有效地节约社会养老的成本，养老院、敬老院、老年公寓、福利院、老年护理院针对不同老年群体，可以满足老年人的不同需求。集约化经营管理，一方面节约了投资和管理成本，提高了资源的利用率；另一方面也节省了入住老人的花费。机构养老能有效地缓解老年人的精神空虚，许多老年人居住在一起，相互之间没有代际、言语的隔阂，可以聊天话家常，可以娱乐扭秧歌，可以互帮互助，共同寻找心灵慰藉；社会团体、大学生群体、公益性组织和个人定期或者不定期地到养老机构进行志愿服务、慰问演出，能够给老年人送去关怀和温暖，使老人得到心灵抚慰，笑对晚年生活。机构养老能够有效地吸收社会闲散资本，动员社会力量关注关爱老龄群体，发展老龄事业，推动老龄产业，拉动老年消费，培育老年市场，有利于促进经济发展和社会和谐。[①]

机构养老与居家养老、社区养老作为拉动我国老年养老服务的三驾马车，共同服务于老年群体。作为社会养老服务体系的重要支撑，机构养老与其他二者不是排斥关系，不是竞争关系，而是互补关系，是协调发展共同进步的关系。[②]可以预见，未来我国机构养老模式的发展将呈现出以下几个趋势：一是在居家养老、社区养老和机构养老三种养老模式中，机构养老模式所占比重上升。目前我国机构养老模式所占比重仍然较低，伴随着老龄化问题的加剧及各级政府的大力支持，机构养老模式所占比重必将上升。二是服务更加专业化与一体化。机构养老在扩大规模和不断提升自身专业化服务水平的同时，还将会与社区养老、居家养老融合起来，从而形成中国养老服务的一体化网络布局。[③]三是经营品牌化与连锁化。民营养老机构为了生存和发展壮大，需要增强市场竞争力，而品牌化和连锁化是实现这一目标的必然选择。[④]

2.机构养老的属性

社会养老服务的属性决定着社会养老服务体系建设的责任主体和发展方向[⑤]。机构养老服务的属性分析如下：

（1）理论基础：公共产品理论。萨缪尔森的公共产品理论从属性角度定义了公共产品，即“每个人对这种产品的消费都不会导致其他人对该产品消费的减少”，

① 梁卡．推进我国机构养老的探讨［J］．河南商业高等专科学校学报，2012（6）：28-29.

② 杜鹏．从六普数据看中国人口老龄化新形势［J］．人口研究，2011（4）：32-33.

③ 刁鹏飞，臧跃，李小永．机构养老的现状、问题及对策——以上海市为例［J］．城市发展研究，2019（8）：8-103.

④ 叶奕．我国养老机构将呈五大发展趋势——《中国养老机构发展研究报告》发布［J］．科技智囊，2015（9）：40-42.

⑤ 姚兆余．农村社会养老服务的属性、责任主体及体系构建［J］．求索，2018（6）：59-65.

且该公共产品的总供给量等于个人对其消费之和。

公共产品的本质属性有二，即非排他性和非竞争性。非排他性指即使他人不进行付费，任何消费者也都不能阻止他人对该公共产品的消费，或即使能阻止，成本也大到不可接受，任何人都不能单独占有某一投入消费领域的公共产品。非竞争性具有以下两个含义：第一，边际成本为零，即供给者的成本并不会因为任一消费者的增加而增加。第二，当边际拥堵时其成本为零，即每个消费者消费的数量和质量不会受到其他消费者的影响。

同时具有非排他性和非竞争性属性的社会产品被称为纯公共产品，部分具有上述属性的社会产品被称为准公共产品，不具有上述属性的社会产品被称为私人产品。另外，纯公共产品具有非分割性，它的消费是在保持其完整性的前提下，由众多的消费者共享的；准公共产品的一个重要特征是外部性。图4-1给出了公共经济学下产品的分类。

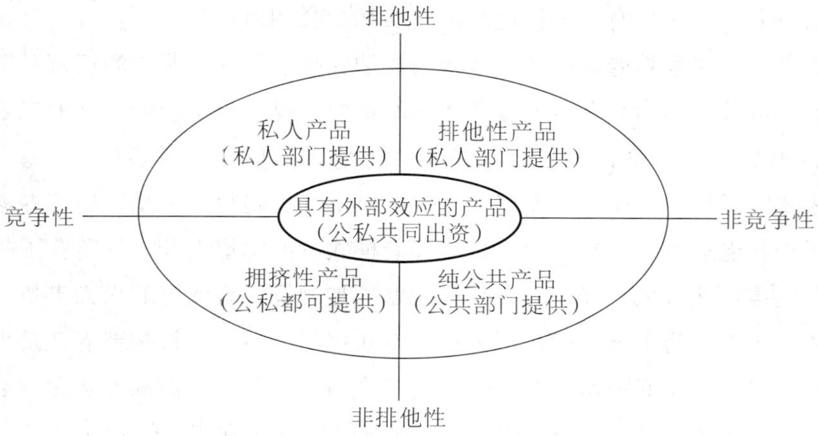

图4-1 产品分类

（2）机构养老服务的竞争性分析。机构养老服务具有竞争性。不管是在哪一类型的养老机构中，接受养老服务的老人数量增加，服务提供者的边际成本就会上升，且由于老年人口不断增加，养老机构在服务供给上发展相对滞后，不同层次不同需求的养老服务供不应求，当接受服务的老人人数增多到开始降低效率的时候，会产生拥挤现象，影响每个老人接受服务的质量和数量。因此，我们可以看出机构养老服务具有竞争性。

（3）机构养老服务的排他性分析。公办养老机构提供的机构养老服务具有非排他性，这是因为公办养老机构提供的是免费服务，即达到条件的老人即使不交费也能享有服务，任何人都不能把他们排除在养老服务的消费体系外。同时，其消费不排斥其他人进行消费，即不能独占此种机构养老服务。值得一说的是，这里的“达到条件”是指老人自身的条件，这是一个准入条件，而非付费门槛，所以不符合排他性的定义。

民办养老机构提供的机构养老服务具有排他性，但是非营利性和营利性两类民办养老机构的排他程度不一样。民办养老机构通过收费可以把无力支付或者不愿意付费的老年人排斥在机构之外。但是由于民办非营利性养老机构的收费较低，享受国家的各项优惠政策，能够入住的人很多，因此这类养老机构排他程度较低（或者说排他成本较高）；而民办营利性养老机构旨在提供中高端机构养老服务，目标消费群体是家庭收入状况较好的老年人，因此这类养老机构排他程度较高。

上述这种排他性是不充分的，虽然老人通过付费而享受机构养老服务，但这种服务不具有独占性，不像面包等纯私人产品，付费后就能独占。养老机构的场地、设备等很多都是共有的，并且机构养老服务具有正外部性，能够降低家庭成员的养老负担。因此在很大程度上民办养老机构提供的养老服务，也具有公共产品性质，从广泛意义上来说，也可以认为属于准公共产品。

从上述分析可以看出：公办养老机构提供的机构养老服务具有竞争性和非排他性，属于准公共产品。民办养老机构提供的机构养老服务具有竞争性和不充分的排他性，狭义上属于私人产品，广义上由于具有公共产品的特征，也可认为是准公共产品，因其介于准公共产品和私人产品之间，可认为是混合公共产品。相较于民办营利性养老机构，民办非营利性养老机构的排他性程度较低，更接近于准公共产品范畴。①

三、机构养老规制政策的发展

为积极开展应对人口老龄化行动，推动老龄事业全面协调可持续发展，2017年3月国务院印发了《“十三五”国家老龄事业发展和养老体系建设规划》。该规划提出了进一步完善“以居家为基础、社区为依托、机构为补充、医养相结合的养老服务体系”的发展目标，机构养老与居家养老、社区养老共同构成社会养老服务体系的重要组成部分。2019年1月我国在全面放开养老服务市场，取消养老机构设立许可之后，从事前审批变成了事中和事后的监管，完备、有力的政策规制显得尤为迫切。机构养老规制政策主要包括：第一是法律，如《中华人民共和国老年人权益保障法》；第二是部门规章，包括民政部门及其他相关部门颁发的政策文件；第三是地方性法规；第四是行业和国家标准。总结起来，我国机构养老规制政策的发展如下：

① 杨雯晖．机构养老服务中政府与市场的角色定位与思考［J］．行政科学论坛，2020（3）：35-38．

1.国家层面的规制建设

国家层面的养老机构法律体系建设始于1996年《中华人民共和国老年人权益保障法》的颁发。该法第5条规定："国家建立和完善以居家为基础、社区为依托、机构为支撑的社会养老服务体系"，指出了机构养老所发挥的支撑作用；第41条至47条涉及国家、地方政府及部门对养老机构监督和管理的基本规定，例如第42条规定："国务院有关部门制定养老服务设施建设、养老服务质量和养老服务职业等标准，建立健全养老机构分类管理和养老服务评估制度。"该法于2009年、2012年、2015年和2018年相继进行了四次修正，是鼓励、规范养老机构发展的基本法。

机构养老的规制大部分是部门规章和国家、行业规范。以民政部为主导的部委从20世纪90年代至今先后颁发了十余个部门规章（见表4-1）。其中2013年的《养老机构管理办法》对服务内容、内部管理、监督检查和法律责任分别做出了规定，此规章的颁布标志着我国机构养老进入了规范化的管理阶段。2017年颁发的国家标准《养老机构服务质量基本规范》，列出了生活照料服务、老年护理服务、医疗服务和康复保健服务等16项服务内容，并在服务内容要求和服务评价方面做出了详细规定。

表4-1 机构养老的部门规章

名称	颁发时间	性质	规制内容	颁发部门
《农村敬老院管理暂行办法》	1997年（2011年废止）	部门规章	管理	民政部
《社会福利机构管理暂行办法》	1999年（2015年修订，2019年废止）	部门规章	管理	民政部
《老年人社会福利机构基本规范》	2001年	行业标准	管理	民政部
《养老机构安全管理》	2012年	行业标准	监督管理	民政部
《养老机构设立许可办法》	2013年（2019年废止）	部门规章	准入、设置、监督管理	民政部
《养老机构管理办法》	2013年（2020年修订）	部门规章	管理	民政部

续表

名称	颁发时间	性质	规制内容	颁发部门
《老年人能力评估》	2013年	行业标准	服务	民政部
《养老机构医务室基本标准（试行）》	2014年	行业标准	管理	原国家卫计委
《养老机构护理站基本标准（试行）》	2014年	行业标准	管理	原国家卫计委
《社会福利机构消防安全管理十项规定》	2015年	行业标准	管理	民政部、公安部
《养老机构服务合同》（示范文本）	2016年	行业标准	管理	民政部、原国家工商管理总局
《养老机构服务质量基本规范》	2017年	国家标准	管理	原国家质检总局、国家标准委
《养老机构等级划分与评定》	2019年	国家标准	监督管理	国家市场监督管理总局、国家标准委

除了上述部门规章和国家、行业标准，针对养老机构的法律规制，我国目前只有1996年颁发的《中华人民共和国老年人权益保障法》，还没有相关的行政法规。这反映出我国机构养老的法律规制总体起步晚、位阶低的特点。除此之外，涉老法规政策还呈现出系统性、协调性、针对性、可操作性有待增强等问题。以2020年修订的《养老机构管理办法》为例，其第3条规定："县级以上人民政府民政部门负责养老机构的指导、监督和管理。其他有关部门依照职责分工对养老机构实施监督。"可见，本条规定对民政部门和其他部门的具体职责规定得不够具体，尤其是对交叉职能的分工没有说明，缺乏跨部门协同监管规定。

2.地方层面的规制建设

从地方层面来看，由于各地老龄化水平、经济发展水平以及法规政策重视程度存在较大差异，各地养老机构的法律规制发展参差不齐。个别省市对养老机构的法律规制建设起步较早，如上海市、北京市，这些省市既有原则性的地方性法规，也有一系列的配套规定。当然，其规制内容也存在协调性和可操作性不强等问题。总体而言，我国多数省、自治区、直辖市更多的是直接照搬国家层面对养老机构的法律规定，地方上只是制定了简单的配套措施，特别是省级以下的地方政府机构养老的规制政策更为薄弱。[①]

政府为了加快机构养老的发展，出台了多项扶持性和规范性的政策文件，取得了很大的成效。但是政府在规制政策上仍有很多工作要做：一是要加快制定和完善养老服务法律法规，将机构养老服务设施的规划与建设，机构养老服务组织的设立、变更和终止，政策扶持与优惠，机构养老服务规范，质量安全监管等内容一并纳入，为促进机构养老服务持续健康发展提供保障。二是调整相关政策规定，方便养老机构自主选择法人登记。办理营业执照的，按照《国民经济行业分类》“老年人、残疾人养护服务”核定行业；开展连锁经营的，可在同一行政区域内通过绿色通道集中办理登记注册；在民政部门登记为社会服务机构的，可以尝试“一址多点”，在登记机关管辖范围内设立多个不具备法人资格的服务网点，实行“连锁经营”。[②]三是要建立健全细致、可操作性强的政策法规。通过对行业主管部门的深入了解发现，人员少、工作量大、政策不细化等困难，依然在困扰着基层的管理者。机构养老建设是一项系统工程，政府除了在顶层设计上需要层层把关外，对具体的操作规范也应予以细化，这样才能使基层的行业主管部门有据可依。例如对机构养老如何管理进行细分，限定民政部门的管理权限及范围，对超出权限的问题应如何处理或上报等。从行政角度应涉及纵向的各个层级，也应具体到一般会出现哪些情况，横向的兄弟部门应如何配合等。从管理内容的角度，应覆盖服务评估、服务方式、服务发展、人员培训管理、机构设立及管理等各项内容。[③]

总之，机构养老在应对我国人口老龄化进程中将发挥无可替代的关键作用，在现有的国情国力之下，需要大力引导养老机构走市场化、社会化之路。在养老产业蓬勃发展的背景下，如何研究好、制定好养老服务的法律法规，既能促进机构养老又快又好地健康发展，又要保证入住养老院的老年人的权益不被侵害，实现老有所养、老有所乐，是摆在我们面前的紧迫命题。[④]

四、机构养老服务创新发展的对策

近年来，我国的机构养老服务取得了快速发展，但是在快速发展的过程中，还存在着一些问题，诸如机构养老资源配置结构性失衡、行业规范管理较弱、机构养老服务标准化建设滞后、养老机构基础设施建设不完善、管理不到位、服务水平

① 陈为智，高梦丽. 我国机构养老规制政策的发展、问题及其完善［J］. 青岛科技大学学报（社会科学版），2020（3）：66-71.

② 乔尚奎，成海军. 制约机构养老服务发展的五大矛盾亟待化解［J］. 社会治理，2018（5）：29-31.

③ 臧跃. 北京市机构养老存在的问题与对策［J］. 科技促进发展，2016（3）：188-195.

④ 陈为智，高梦丽. 我国机构养老规制政策的发展、问题及其完善［J］. 青岛科技大学学报（社会科学版），2020（3）：66-71.

低、养老服务供需矛盾较为突出、优质养老机构数量较少且分布不均、养老机构“医养结合”模式仍有待改进、政府财政资金投入不足、社会资本参与度不够、运营模式缺乏多样性、养老人才队伍建设滞后、护理员队伍缺口较大、现代养老服务观念尚未形成、城乡养老服务水平差距较大、养老机构入住率低、不同所有制机构之间存在不均衡问题、虐待老人现象仍然存在等。我国机构养老面临的问题是复杂的，在不同的地区，或者是同一地区的不同地方都有区别，因地制宜发展机构养老是必不可少的，机构养老服务体系建设可以采取以下有效措施：

1.推动养老机构服务市场化向纵深发展

引导机构养老服务领域向各类资本开放，与房地产、文化、体育、旅游等产业融合发展，加强养老机构的产业化、集团化运作，形成规模适度、产业多元、互相渗入的机构养老新业态。

（1）推动房地产业与养老机构结合。在严格界定养老机构以集中收住、护养、护理老人为其本质内涵的基础上，鼓励房地产业与养老机构开展合作，拓展住宅设施的养老功能，推动住宅设施“适老化”，发展老年住宅、老年公寓、养老社区等老年住养设施，以及小型嵌入式老年设施、养老综合体等新型设施形态。同时，加强养老机构、老年地产相关标准建设，严禁养老设施建设用地改变用途、容积率等土地使用条件搞房地产开发。

（2）推动金融、中介服务业与养老机构结合。积极利用现有财政扶持政策，促进金融机构加大对养老服务业的信贷投入。鼓励金融企业与养老机构联动，发展各类养老服务业保险产品，探索针对老年护理需求的商业保障计划，探索老年人住房反向抵押养老保险、企业年金等各类保险工具，增强老年人入住养老机构的支付能力。支持养老服务机构通过发行企业债券、引入投资基金及开展资产证券化等方式融资，不断丰富养老服务融资渠道。推动教育、培训、中介服务业向机构养老领域的渗入，延伸养老机构的产业链条，发展养老机构专业运营管理，老年护理专业培训，管理、培训输出。①

2.坚持医养融合发展，理顺相关工作管理机制

（1）推动医疗产业与养老机构结合。发挥各类医疗机构对养老机构的支撑作用，支持养老机构内设医疗机构，按规定聘用高水平医护人员，为有基本医疗服务需求的参保老人提供基本公共服务。鼓励基层医疗机构就近与养老机构合作，探索乡镇卫生院托管敬老院，开展养老医疗和健康服务。发挥分级诊疗体系的积极作用，确保完成医疗救治的老年人转入基层医疗机构进行康复治疗。支持建设

① 吴也白，史晓琛．发展和完善社会养老机构研究［J］．科学发展，2016（6）：76-82.

医养结合型高档养老社区。鼓励优质医疗机构独资或与房地产商合资打造集医养住于一体的高档租赁式养老社区，让有经济条件的老年群体享受优质的居住、康复和医疗服务。[①]同时，鼓励社会医疗资本发展养老院、护理院、养护院等医养结合设施。[②]养老机构中的医疗器械由政府财政资金拨款购买，集中采购，保证医疗器械质量。[③]

（2）理顺“医养结合”机构养老服务的管理机制。针对现阶段机构养老“医养结合”模式多部门交叉管理的问题，应明确主责部门，并以主责部门的相关要求为主，建立统一规范的服务标准。在具体实践中，基于老年人健康方面的考虑，可以以卫生部门的相关要求作为主导原则，养老机构在此原则下做好机构的运营管理工作。政府还可将“医养结合”模式中的医疗费用划拨到老年人的医保报销体系中，引导养老机构加强与附近医院、诊所等医疗机构的合作。[④]养老机构还可以积极引入“互联网+”等先进技术，与医疗机构及时共享老人健康状况信息，实现“医养结合”模式智能化管理，提高“医养结合”模式服务效率。[⑤]

3.加强机构养老服务标准化建设

“十三五”以来，全国机构养老服务标准化处于快速发展阶段，标准化水平持续提升，全社会标准化意识不断提高。但与高水平全面建成小康社会的目标和老年群体日益增长的养老需求相比，机构养老服务标准化工作还存在一定差距，要提高机构养老服务质量、规范机构养老服务工作，必须加强机构养老服务标准化建设。

（1）紧扣现实需求，加强重要标准研制。一要加强设施设备配置标准的研制。机构养老服务通过设施建设，实现其基本养老服务功能。设施配置的好坏是老年人选择入住养老机构的重要因素。目前全国养老机构设施配备缺乏科学、统一的标准、资源配置不均、不同机构之间配置差异较大，部分机构无障碍设施和辅具配置及使用不规范，机构内部缺乏合理的分区管理。可根据养老机构的规模、功能分区（自理区、照护区、失智区）、养老机构等级、城乡区域分别制定设施设备的配置标准，形成《养老机构设施设备配置目录》。二要加强服务质量标准的研制。养老机构服务质量是影响老年人口选择养老机构的关键因素之一。GB/T 35796—2017《养老机构服务质量基本规范》明确了全国养老机构服务质量的基准线、起跑线，为全国养老机构服务质量提出了最低要求。鼓励养老服务水平走在全国前列的省份在国家标准的指导下，立足“管用、适用”，“量体裁衣”制定满足本地实际需求的养老

---

① 明亮．机构养老服务发展考察［J］．开放导报，2018（6）：79-81.

② 吴也白，史晓琛．发展和完善社会养老机构研究［J］．科学发展，2016（6）：76-82.

③ 罗娅，李想．成都市公立养老机构问题与对策［J］．合作经济与科技，2019（5）：168-170.

④ 刁鹏飞，臧跃，李小永．机构养老的现状、问题及对策——以上海市为例［J］．城市发展研究，2019（8）：98-103.

⑤ 祁峰，祁丙观．我国医养融合型机构养老服务的制约因素及推进思路［J］．经济纵横，2017（1）：52-56.

机构服务质量和评价标准。

（2）探索开展养老机构服务质量认证，推进标准落地实施。服务认证是基于顾客感知、关注组织质量管理和服务特性满足程度的新型认证制度，是国家质量基础设施（NQI）的重要组成部分。养老机构服务质量认证是以消费者感受和满意度为导向，注重各项服务规范的贯彻落实，将养老机构的服务水平落实到各个具体服务项目的能力提升上，充分激发养老服务市场潜力，不断提升养老机构服务质量。我国养老机构服务质量认证可借鉴澳大利亚、加拿大等国家的养老机构认证经验，进一步借助第三方服务认证评价测评技术和途径，加快推进养老机构服务质量认证，以此促进标准的落地实施，提升养老机构服务质量，提升服务效率。

（3）加强“智慧养老”信息平台建设，提升标准化工作成效。标准化、信息化与养老机构的服务管理质量与运营发展密切相关。标准化建设是开展信息化的基础，信息化又是标准化管理的重要手段。智慧养老是以大数据分析为基础，因此其前提是建立统一的设备接口、数据格式、传输协议、检测计量等标准，实现不同设备间的数据信息开放共享。此外，在“智慧养老”信息平台建设过程中，要充分发挥标准化的技术支撑作用，对于出院管理系统、老年人膳食订餐系统、接待执行系统、报表分析系统、财务管理系统、老年人综合信息管理系统、档案管理系统、健康管理系统、员工的绩效考核系统、费用查询系统等设置既要考虑到机构本身的管理需求，又要充分考虑到老年人的需求。①

4.创新养老机构管理方式，加强机构养老的监管机制建设

（1）创新养老机构的管理方式。在公立养老机构的服务上突出个性化，突出机构的自主性。创新公办养老机构的运行机制，借鉴其他社会组织的管理方式，引入竞争机制。组织机构尽可能扁平化，采用信息化管理方式，建立详尽的护理记录。记录每一位老人的基本情况、既往病史、护理计划、用药记录、受诊记录等，以使护理人员能够清楚了解老年人的基本情况。②

（2）加强机构养老的监管机制建设。一要加快提高机构养老专业化、标准化、法治化水平。对从业机构条件、人员素质和服务质量等都要严格设定标准，全面进行规范管理。二要运用互联网、大数据等现代化手段加强监管，全过程留痕，提高监管效能。同时，通过信息公示，将养老机构各项制度、管理、服务过程和质量进行公开，接受老年人亲属、社会和媒体监督。三要加大对违法违规经营行为的查处力度。引入“双随机、一公开”监管模式，常规监管和随机抽查并用，及时发现问

① 张书，张燕琴，张敏．我国机构养老服务标准化的现状及对策研究［J］．中国标准化，2019（3）：74-78．

② 罗娅，李想．成都市公立养老机构问题与对策［J］．合作经济与科技，2019（5）：168-170．

题隐患，严肃责令整改。对欺诈虐待老年人等违法违规行为要依法严厉惩处。[①]四是加大对财政补贴监管力度，通过联网、公示、收入系统核对等方式，加强对政府补贴资金使用的监管，强化对政府投资举办或者接受政府补助的养老机构的财务状况的审计监督。[②]

5.提高服务人员的专业素质，大力推进养老服务人才队伍建设

专业的服务人员是推动养老事业健康发展的重要力量。随着人口老龄化程度的不断加深，老年人的养老服务需求持续增长，建设一支数量充足、年龄梯度适当、素质良好的养老护理人员队伍显得尤为重要和紧迫。因此，第一，应引进国内外先进养老服务理念和技能，建立专门的职业培训和评估机制，提高工作人员相关专业知识水平，落实护理人员上岗培训制度。应更加注重对专业养老护理人员的培训，积极开展养老护理专业学科建设，充分利用、整合优质的教学资源，推动各职业学院与养老机构合作，努力提升养老机构护理人员的职业技能。第二，对于参加并完成职业培训的养老机构护理人员，相关部门应给予更高额度的培训补贴，以提升护理人员参与培训的积极性。第三，加大对养老服务人员的保障力度。相关部门应实施养老机构综合责任保险等项目，合理提高护理人员的风险保障水平，有效降低护理人员从事养老服务的职业风险。第四，加大本土养老服务人才的培养力度，支持本土高校和科研院所开设养老服务相关专业，开展养老服务研究，为当地养老服务业发展提供人力和技术支撑。第五，改善养老服务从业人员的发展环境，从社会保障、薪资待遇、职称职务晋升等方面予以政策倾斜，吸引更多有识之士投身养老服务领域。[③]通过定期考核专业知识、开展各种知识竞赛等活动来提高工作人员的专业化水平，促进养老机构的持续发展。[④]

6.加大宣传，转变观念，重塑社会养老文化

受根深蒂固的传统“孝”文化影响，仍有不少老年人觉得在养老机构生活没了“脸面”，而不少儿女也担心将父母送到养老机构会招来不“孝”之名。因此，对机构养老服务需要加强宣传，转变老年人传统的养老和消费观念。[⑤]第一，转变老年人传统养老观念以及子女敬老观念。观念的转变促使老年人有多样化养老选择，缓解目前严峻的养老压力。与此同时正确引导老龄化社会的养老问题，适当改变当前家庭养老、居家养老以及机构养老三种模式的比例，使它们共同发展与进步。第

① 乔尚奎，成海军. 制约机构养老服务发展的五大矛盾亟待化解［J］. 社会治理，2018（5）：29-31.
② 吴也白，史晓琛. 发展和完善社会养老机构研究［J］. 科学发展，2016（6）：76-82.
③ 明亮. 机构养老服务发展考察［J］. 开放导报，2018（6）：79-81.
④ 张昊. 上海市机构养老存在的问题与对策研究［J］. 中国集体经济，2018（12）：165-167.
⑤ 陈宇，黄少琴，陈媛. 新时代机构养老的困境及医养融合机制创新［J］. 改革与战略，2018（7）：97-103.

二，转变对养老服务人员的态度。绝大多数人认为养老服务人员从事的是低下的工作，他们的任务就是照顾不能自理的老人，社会未能给予养老服务人员应有的尊重与重视。因此，政府部门可以采取多种宣传方式转变社会对养老服务人员的观念，推动机构养老的发展。[①]

案例研究

祥颐园老年公寓养老服务个案分析

坐落于辽宁省鞍山市铁东区湖南街，背邻山林，安宁宜人的祥颐园老年公寓，是一家专注于老年服务事业的专业机构，设计了如图4-2所示象征“祥：环境与设施，颐：服务与医疗，园：生活与饮食”的祥颐园标志。通过与日本元气村集团（日本最负盛名和历史的福祉企业之一）的深度合作，将日本专业化的养老管理模式及先进的护理经验引入鞍山，结合中国传统的养老习惯，通过细致入微的专业服务和热诚真挚的敬业精神，创建了一个环境一流、服务一流，为老年人提供健康养老、幸福生活的现代化养老机构。

图4-2　祥颐园标志

（1）投资背景。

投资运营方：北京祥颐共生企业咨询管理有限公司。

投资运营方背景：北京祥颐共生企业咨询管理有限公司，是一家以运营管理养老机构、养老护理人员培训、老年用品销售为主的为老服务专业公司。“祥颐园”品牌是祥颐共生创立的自主运营养老机构品牌。公司立足辽宁、面向全国，依托日本多家知名的养老服务集团，输出各类为老服务项目解决方案。目前成功运营的案例有鞍山祥颐园老年公寓，并计划以每年复制1～2家养老机构的速度向全国发展。通过祥颐共生的努力，希望能够在消化吸收日本先进养老服务管理经验的基础上，对处于老龄化危机中的中国养老产业有实质性的推动作用，以及对刚起步的中国养老产业起到引领和示范作用。

土地取得方式：国有土地出让。

---

① 周惠萍，苏杭. 推进机构养老改革的现实思考［J］. 劳动保障世界，2019（9）：21-22.

(2) 政策支持。

税收优惠：根据《辽宁省人民政府关于加快发展养老服务业的实施意见》（辽政发〔2014〕4号）的规定：对养老机构提供的养护服务免征增值税，对非营利性养老机构的自用房产和土地免征房产税、城镇土地使用税，对符合条件的非营利性养老机构按规定免征企业所得税。对非营利性养老机构建设要免征有关行政事业性收费。对营利性养老机构建设要减半征收有关行政事业性收费。对养老机构提供养老服务也要适当减免行政事业性收费。境内外资本举办养老机构享有同等的税收等优惠政策。制定和完善支持民间资本投资养老服务业的税收优惠政策。

补贴及其他优惠：根据《辽宁省人民政府关于加快发展养老服务业的实施意见》（辽政发〔2014〕4号）的规定：养老服务机构用水、用电、用气、用热按照居民缴费标准执行，固定电话、有线（数字）电视、宽带互联网按照普通住宅用户收费标准执行。加快建立养老服务评估机制，探索建立城乡低保户、低保边缘户家庭中60周岁以上的失能、半失能老人和重度老年残疾人生活补贴及护理补贴制度。公办养老机构、社区养老服务设施的维护资金、所需工作人员人头费和日常工作经费应列入同级财政预算。省、市用于社会福利事业的彩票公益金，要将50%以上的资金用于支持发展养老服务业，并随老年人口的增加逐步提高投入比例。

鞍山市相关文件规定，优先保障养老机构建设用地，非营利性养老机构可享受税收优惠，用水、用电、用气（管道燃气）、用热、固定电话、有线（数字）电视、宽带互联网等费用都按居民生活收费标准收缴。支持在养老机构内设置或合作设立医疗站点，开展社会化医疗卫生服务，同时鼓励金融部门加大对社会办养老机构信贷支持力度，提供优惠利率。按照社会办养老机构专项补助政策，对社会力量投资兴办的非营利性养老机构新增床位50张以上的，将根据实际床位利用率，分5年给予每张床位每年400元的建设补助；对已正式运营的非营利性养老机构，根据实际床位利用率给予运营补贴，自理类每人每月15元，介助类每人每月30元，介护类每人每月50元。

主体情况：非营利性福利机构。

(3) 项目概况。

规模：园区建筑面积3 000平方米，公寓内共分为三层，即日托中心、公寓住宅和空中花园。

公寓住宅分为四人间、三人间、两人间和单人间，共设26个房间，可接纳60位完全失能和半失能老人同时入住。日托中心可为30位老人提供白天的护理照料服务，老人早晚的接送都由专为老年人设计的专业护理车完成。

位置：鞍山市铁东区湖南街593号，背邻山林，安宁宜人。

交通：公交216路、401路、1环、40路。

环境：周边集中了鞍山市多家高档小区。如万科城市花园、惠斯勒小镇、罗马假日花园、东亚豪庭别墅等。

（4）项目开发与现状。

开发进度：至2013年1月，入住率68%。

（5）产品特征。

出售占比：无出售。

户型：公寓住宅分为四人间、三人间、两人间（如图4-3所示）、单人间，共设26个房间。面积12~45平方米。

图4-3　温馨舒适的两人间

布局规划：公寓内共分为三层：日托中心、公寓住宅和空中花园。

一楼设施：浴室。公共浴室更衣室（更衣柜采用无门设计，保证老人在更换衣物时无障碍）；浴室洗衣房（保证老人更换下来的衣物第一时间得到清洗）。

洗浴大厅中，带有无障碍通道的泡澡池会方便很多半失能老人完成泡澡，淋浴位置全部设计成坐式并在墙上设有扶手，让老人以最舒服的姿势得到淋浴的同时保证其安全；专为失能老人设计的洗澡机会帮助完全失能的老人顺利完成洗浴。

房间。除单人间以外的卫生间都在房间外，出门3米以内都设有卫生间，倡导老人在去卫生间的同时达到康复锻炼的目的。对于行动不便的老人，特别在床边准备了移动坐便器，老人用后按下24小时呼叫器护理员会第一时间给予清理。对于想看电视的老人配有移动有线电视。四人间里的双面衣柜可以让老人更有私密空间感。

康复训练区。提供先进的上肢、下肢康复器材（如图4-4、图4-5所示），个性化设计多种康复训练项目。

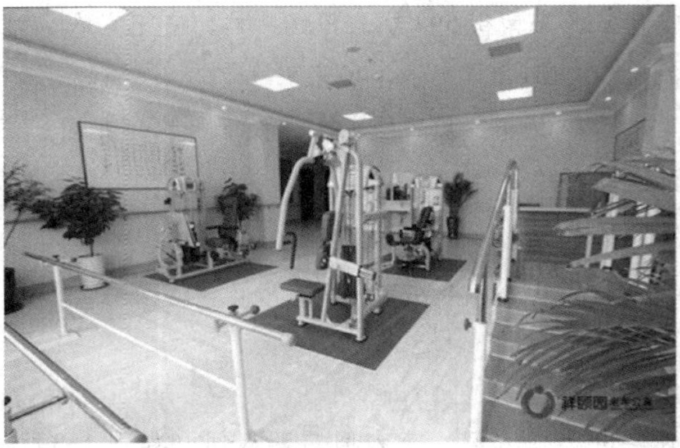

图 4-4　康复训练器材（一）

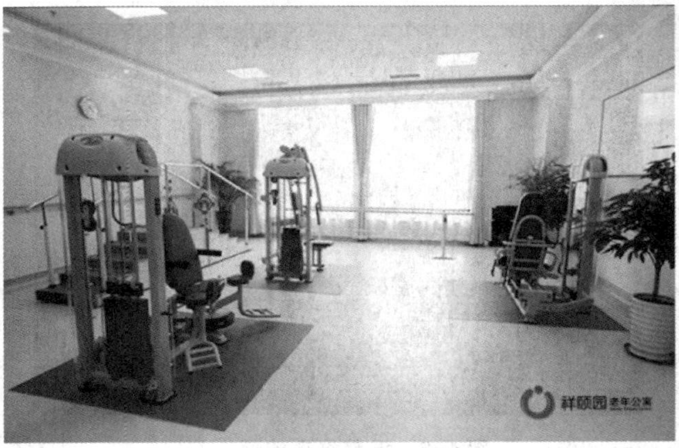

图 4-5　康复训练器材（二）

二楼设施：活动大厅。150平方米的活动大厅让老人有充分的空间进行交流活动。活动大厅旁边敞开式的办公室让办公人员可以随时看到活动区老人的情况。

浴室。二楼同样设有浴室，方便老人日常洗浴。

三楼设施：活动室/康复训练室。各种设施齐全的活动室，配合科学制定的康复训练，让老人在娱乐的同时得到康复训练。

空中花园。户外敞开式的空中花园，采用环保舒适的塑胶地板，并配备安全围栏，可供老人平日种植花草，调养身心，给老年人更丰富的活动内容和生活空间。

设计特点：无障碍适老化设计。公寓内拥有专为满足老年人需求而定制和设置的各种生活器械和特殊设备。设有移动电视，24小时呼叫系统，专为失能老人使用的洗澡机，走廊内的无障碍扶手（如图4-6所示），电梯间的无障碍通道以及专为轮椅老人乘坐的无障碍汽车（如图4-7所示）等。

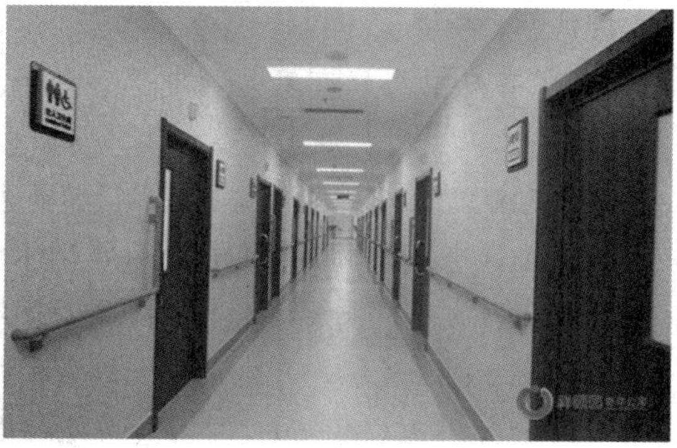

图 4-6　走廊内的无障碍扶手

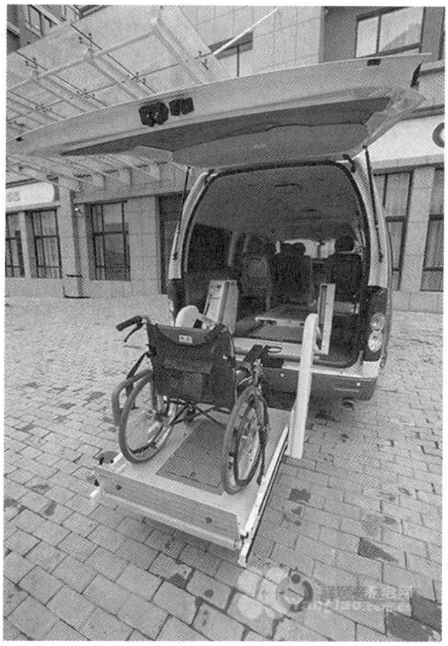

图 4-7　专为轮椅老人乘坐的无障碍汽车

电梯直达的空中花园供老人畅享新鲜空气，使老年生活更加舒适恬静。无障碍卫生间充足的面积可以使轮椅无障碍进出，坐便器上的活动扶手可以使老人保持平稳，后置靠背让老人长时间排泄时更为舒适，智能冲洗功能保证老人每次便后的清洁、卫生。墙置扶手帮助老人顺利站起。紧急呼叫器保证老人发生问题时护理人员第一时间赶到。

老人通过的区域均采用无障碍平滑门，上吊滑道，地面绝对平坦，让老人的通行更安全。无障碍电梯间贯穿全楼，内部采用医用电梯标准，护理床及担架可以自由进入。电梯间内采用暖包装，使老人感觉更温暖。电梯间两侧配有扶手，真正达到老人自由通行的无障碍标准。

日托休息室休息沙发，可以帮助腿部力量薄弱的老年人轻松自如地站起，同时也可以为老人躺卧休息提供舒适环境。

户型特点：公寓住宅所有户型均配有家具、电视、暖气、24小时呼叫系统（安装在老人触手可及的床头、卫生间、浴室）等。正门采用两道门的设计，尽可能地阻隔外面的灰尘，两道门都设置成自由进入，但出门必须由工作人员按密码来完成，以防止老人走丢。扶手，来自日本最知名扶手品牌NAKA，从握感、防滑性到直径大小都是根据亚洲老年人的手型来设计，更加舒适、安全。

为失能老人专门配置的设备：洗澡机，日本最先进的洗澡机可以帮助完全失能的老人轻松地完成洗浴。助行器，日本的360度自由转向助行器可以帮助老人更快更安全地完成腿部康复。洗浴专用轮椅，日本的洗浴专用轮椅方便失能老人顺利完成洗浴。移动坐便器，日本专为失能老人设计的移动坐便器使失能老人的排泄更加方便。

护理中心：在日本元气村福祉专员的指导和帮助下，祥颐园的所有服务人员均经过系统的专业培训，并掌握了娴熟的服务技能，为入住的失能老人提供饮食护理、排泄护理和洗浴护理三大服务项目。由专业营养师针对每位老人不同情况为其制定每日营养配餐，餐后带领老人做口腔护理，保证老人的口腔清洁健康。根据老人不同的排泄能力对老人进行不同程度的排泄护理帮助。根据老人的不同情况对老人做出最合理的洗浴计划，即使是完全卧床的老人也可以在全球最先进的洗澡机中完成洗浴。在这三项基本护理项目之外，每天还有专职护士对每位老人的血压、体温、脉搏这三项基本生命体征进行检测，在老人身体可能出现不适时，第一时间给予病情判定，并且及时联系医院及家属，时刻使老人的生命安全得到最周全的保障。针对每位老人的自身情况，为其量身定制相应的康复训练计划。

其他配套设施：轻音乐康复，全园各个房间、走廊、浴室、卫生间均配有高级音响，白天不间断的轻音乐播放会使入住老人时刻感受到生活的惬意、舒适，使其充满希望。福祉车，专为老年人设计，后置日本和光轮椅升降机，让老人全程不必下轮椅就可以完成接送工作。上下车台阶，配有意大利HULE自动伸缩台阶，让老年人上下车更加方便、安全。

（6）运营模式。

运营模式：民建民营。

服务种类：半自理、全护理、特护。

服务收费情况：上肢、下肢康复，按摩康复等多种康复训练项目。

其他费用：无。

护理人员：祥颐园老年公寓内的各项服务、管理及培训都与日本元气村集团进行紧密合作。祥颐园内的护理人员按照1∶2比例配备，均为毕业于大连职业技术学院老年服务与管理专业的90后大学生，如图4-8所示。他们年轻、有朝气、有活力，给老人带来愉悦轻松的氛围。这些年轻人在毕业时具有双证书“大专毕业证、养老护理员（中级以上）职业资格证书”，同时，日本元气村会长期派驻专业人员在祥颐园内对护理工作进行现场培训、指导，使护理员掌握娴熟的服务技能。并且祥颐园每年组织人员分期分批赴日进修学习，保证老人可以得到最专业、最完善的护理服务。

图4-8 年轻而专业的90后大学生与老人在一起

（资料来源：鞍山祥颐园官网：http：// /www.xiangyiyuan.com.cn/ .以官网数据更新为准.）

（7）个案分析。

在日本元气村福祉专员的指导和帮助下，祥颐园的所有服务人员均经过系统的专业培训，并具有娴熟的服务技能，以真诚、细致、体贴和严谨的服务，从营养、睡眠、运动、心理等多方面，为所有入居老人量身打造一个健康舒适的幸福家园。在设施设备和专业人员的配备上很大程度满足了广大老年人的需求。

①养老服务特色。祥颐园老年公寓的养老项目特色体现在以下三个方面：

第一，中国传统孝文化融入养老企业文化中。祥颐园以中国传统文化为企业文化，深入学习“弟子规”“朱子家训”“孝经”等国学经典并践行到每天的生活和工作中。将孝敬老人的文化内涵融入养老产业之中，使得养老产业表现出了浓浓的人文关怀，让传统尊老孝老文化在养老行业得以弘扬，使敬老养老观念由家庭推广到社会，有效地营造了一种尊老敬老的社会风尚。

第二，定位为专业护理型机构。祥颐园品牌服务模式定位为专业护理型机构，也是首家将日本护理型机构一比一复制到中国的养老机构，结合中国传统的养老特点和习惯，解决社会和家庭中最为困难的养老问题——失能老人的生活照料。

第三，高标准的服务和成熟的市场化运营模式带动为老服务行业的发展。祥颐园品牌在短短的3年时间内已经得到了国内甚至国外同行业的高度认可，祥颐园在打造中国专业化护理型养老机构的同时也在打造连锁护理型养老机构。

②项目建议。加强同行业之间的交流，将祥颐园的经验及国内外最先进的养老理念与同行分享，带动辽宁地区的养老机构共同发展。

思考与讨论：

（1）祥颐园老年公寓从哪些方面借鉴了日本的养老服务模式？

（2）祥颐园老年公寓的养老服务体现了哪些本土化的元素？

（3）祥颐园老年公寓在机构养老服务方面有哪些成功经验？

（资料来源：张岩松，等．养老服务业发展与个案研究［M］．北京：清华大学出版社，2015.）

第五章　创新发展养老服务模式

实施“养老服务+行业”行动。支持养老服务与文化、旅游、餐饮、体育、家政、教育、养生、健康、金融、地产等行业融合发展，创新和丰富养老服务产业新模式与新业态，拓展旅居养老、文化养老、健康养老、养生养老等新型消费领域。

打造“互联网+养老”服务新模式。加快互联网与养老服务的深度融合，汇聚线上线下资源，精准对接需求与供给，为老年人提供“点菜式”就近便捷养老服务，创新服务模式，培育服务新业态，改善服务体验，更好地带动养老服务消费。引导有条件的养老服务机构运用现代信息技术，依托互联网、物联网、云计算、大数据、智能养老设备等，开发多种“互联网+”应用，打造多层次智慧养老服务体系，创造养老服务的新业态、新模式。

——民政部《关于进一步扩大养老服务供给 促进养老服务消费的实施意见》（民发〔2019〕88号）

我国社会关于养老话题的关注度居高不下，在历年社会保障十大事件中，养老都占据着靠前的位置。加快发展养老服务业，不断满足老年人持续增长的养老服务需求，是全面建成小康社会的一项紧迫任务，也是稳增长、调结构、促改革、惠民生，促进经济社会协调发展的现实需要。如何获得高质量、广覆盖、定制化的养老服务成为人民群众普遍关心的问题。新时代的养老服务，要按照“适应需要、质量优先、价格合理、多元供给”的总体思路[①]，以供给侧结构性改革为主线，不断加快养老服务模式的创新发展，让广大老年人享受优质养老服务。

一、医养结合模式

医养结合作为一种新型的健康养老服务模式，是我国养老服务的发展方向。它对满足老年人养老中的医疗需求，提升养老服务的整体水平，推进养老服务模式的创新有着非常积极的意义。所谓医养结合，就是将医疗和养老服务功能进行整合，突出专业医疗、护理、保健服务特色的新型养老服务模式。“医”主要指医疗康复保健服务，含疾病诊治、疾病护理、健康检查、健康咨询、疾病康复以及临终关怀等；“养”主要指生活照料、精神慰藉和文化娱乐等。通过医养结合养老服务新模式，将“医”“养”结合，可极大地满足老年人对医、养、康、护一体化服务的需求，实现健康老龄化。这里结合大连市医养结合模式的相关情况予以探讨。

1.大连市医养结合养老服务模式的实践与探索

近年来，大连市在医养结合方面积极实践，大胆探索，形成了以下几种类型的特色模式：

（1）养老机构内增加医疗服务。大连民主养老护理院和大连桂林社区养护院都属于这种模式。

① 民主养老护理院。该院位于民主广场，是政府惠民工程项目之一。由大连市中山区政府、大连市卫健委、民政局、残联、人民路社区卫生服务中心支持建成。大连民主养老护理院是大连市首家有医疗资质的养老护理院，由香港地区圣爱养护养老连锁体系管理经营。建筑面积8 700平方米，床位315张，集医疗卫生、养老保健、文化娱乐、休闲旅游、临终关怀于一体。800平方米的老人休闲活动广场设有各类文体娱乐设施及康复医疗健身器械。在颐养区24小时有住院医师、护士和护理人员随时守护老人健康和照料老人生活起居。

② 桂林社区养护院。这是集老人住养、便捷医疗、康复功能于一体的现代化综合性养老服务机构。建筑面积2 060平方米，床位80张。该院有多年临床经验的中西医专家和有经验的护士，对老人进行24小时监护。院内配有美国GE超声检查仪器、心电图机、吸氧机及化验等先进医疗设备，尤其适合出院后康复治疗、长期卧床的老人以及癌症晚期病人，养护院给老人提供治疗、护理、心理咨询、临终关怀等一系列服务。

（2）社区养老服务中心医养结合。在我国城市，本着就近、方便、适用的原则

---

① 邹一飞．新时代养老服务供给模式创新研究［J］．中国民政，2019（18）：36-38.

开展的以全托、日托、临托等多种形式的老年社区照料服务，是专门针对社区老年人的服务，这既包括老年人生活照料服务，也包括老年人的医疗服务，是“医养结合”的为老服务。属于这种模式的有：

① 大连中山区林海社区养老服务中心。这是大连市惠民工程、为老年人修建的255所养老服务中心之一。该养老服务中心设有阅览室、健身房、电脑室、绘画室、医务室。充分利用社区卫生服务中心、辖区医疗、养老机构的医护资源，为60岁以上的三无、低保、半失能的失独老人和70岁以上老人提供服务。家庭签约保健医生，每个医生负责50~60户，为老人建立健康信息档案，依据档案数据为患慢性病的老人提供健康状态提示，为老人开药、检查、会诊、住院等提供指导，定期开展上门巡诊、输液、采血、鼻饲、导尿等家庭病床服务。值得一提的是，该中心医务室还有一名义工，是一名退休的全科医生，经常给老年人看病，解决一些疑难杂症。

② 中山公园街道养老服务中心。2002年9月，大连市沙河口区在全国范围内率先创建了养老服务中心。它是一个由社区中的养护员队伍组成的虚拟社会组织，社区居民与养护员直接签订养护协议，养护队伍按照协议为申请服务的老人到家中提供小时服务、单项服务、日托、心理疏导、医疗、家政等各种有偿服务的养老模式。这种做法被民政部称为“具有中国特色的养老新模式，具有创意的就业新形式”。中山公园街道还联办了“夕阳红”养老院，为失能老人提供24小时服务和针对临终老人的临终关怀服务。社区卫生服务中心为每个老人建立健康档案，为老人提供健康检查，对养护员进行日常养护培训和老年人常见病护理以及各种急救常识的培训。

（3）医疗机构内设养老服务机构。医疗机构探索医养结合，以大连市中心医院（大连市三甲医院）开办的第一家居家养老服务中心——“壹品星海社区养老中心”（以下简称“中心”）最为典型。2013年8月，中心试营业，总建筑面积424.32平方米，共2层，内部进行了科学的布局与规划。每层设置了老人日间休息室、护理站、休闲娱乐室、图书学习室、心理相谈室、健身康复室、厨房、餐厅、卫生间、室内景观等。医院为中心提供包括人员、技术、培训在内的优质医疗资源支持，在中心建立起“医疗、护理、保健、康复、营养、心理”六位一体的养老服务新体系，中心的老年人可享受就诊、住院开放绿色通道和24小时医疗救援等特色医疗服务。此外，有认知障碍的老年人，在经大连市中心医院心理专家评估、诊断明确后，也可申请中心的日托服务，而鉴于有认知障碍老年人在医疗护理方面的高要求和高风险，大部分养老中心是不接受这类申请的。

（4）医养机构协议合作示范基地。大连市总工会和沙河口区政府联手，共同推动医疗机构与养老机构开展合作，促使大连工人养老院和沙河口区医院合作，建立的沙河口区医养结合示范基地正式揭牌运作。沙河口区医院是市内区级医院中唯一一家二级甲等综合医院，与工人养老院合作后，该院负责入院体检和年度体检；定期进行健康知识培训，普及健康知识，未病先防；为符合标准的养员办理家庭病床，医生和护士每周定期到养老院进行巡诊和处置；如果老人的病情比较严重，需要专业性比较强的诊疗，医院将指派相关科室的专家到养老院进行会诊；对于慢性病发作的养员，医院为老人开通绿色通道，接老人入院治疗；老人出现突发疾病，特别是危、重症，不能在区医院治疗的，将联系上级医院住院治疗，解决老人住院难的问题。

2.发展医养结合养老服务模式的对策

综上所述，大连市医养结合养老服务模式的实施还存在诸多问题，如医养结合服务模式的对象、主体、服务人员、服务标准和资质等还需在实践中进一步确立和完善，医养结合养老服务的体制、机制还有待建立和完善。发展“医养结合”养老服务模式是我们的方针，为此应采取以下对策：

（1）政府全方位支持推动医养结合。市政府要加大对医养结合模式的政策研究力度，按照“新业态”搞好顶层设计和科学规划，尽快打破养老和医疗系统割据分离状态，建立民政、卫健、人社等部门相互配合的体制、机制，制定和颁布相关的法规制度，出台具体文件，明确医养结合的机构、职责和服务的具体内容等，分清政府、行业或第三方机构、养老或医疗机构的职责和工作重点，解决好政府部门间的政策协调和全程监管等问题。[①]

政府要在资金上给予大力支持。充分发挥财政职能，加大配套政策的支持力度，在政府财政支出中设立医养结合专项基金，通过制定税收、信贷投资、土地租赁、福彩基金等方面的优惠政策，支持医养结合养老模式的实施。[②]同时，为社会资本参与和进入养老服务业创造有利条件。地方政府应根据自身经济状况、老龄化程度建立养老服务专项基金和养老服务业发展规划。慈善机构也应配合医养结合养老服务模式的发展，提供义工服务和资金支持。

（2）医疗卫生机构和养老机构转变经营指导思想。医疗卫生机构应在国家宏观医改的大背景下，积极创新医疗卫生服务多样化模式，有条件有能力的医院应积极开展老年人养老、康复、护理业务，利用医院的优质医疗资源为养老事业发展服务；养老机构也应改变经营思想。现在一方面公立养老机构人满为患，甚至想入住需排长队，很多急需的失智、失能、残障、高龄老年人因此被拒之门外，而另一方面由政府扶持或独立经营的民营养老机构则门可罗雀，入住率低。这种巨大反差，

① 张岩松．养老服务业发展与个案研究［M］．北京：清华大学出版社，2015：181.
② 张岩松．社会养老服务体系建设研究［M］．大连：东北财经大学出版社，2016：132.

在一定程度上说明养老机构的经营思想、服务还存在不尽如人意的地方，所以养老机构想和医疗卫生机构共同创新养老模式，就必须克服自身的缺陷，充分利用好自身的优势，这样才能走出一条医疗机构和养老机构共赢的新路。

社区医院要创造条件逐步推进“真正进社区”，为居家养老的老人提供服务。为满足老年群体多层次的需求，社区医院或为居家养老的老人建立健康档案，或设立“家庭医生”，具体承担“保健医生”的职责，逐步推进医养结合。

（3）促进“互联网+”与医养结合的融合。全市要强制性建立统一的老年人护理等级评价制度。建立全市老年人“电子健康档案”和“医养结合信息库”，逐步实现远程健康监测服务、健康管理服务、安全管理服务、生活帮助服务等，使优质的医疗资源和服务资源向社区、家庭和老年人延伸，将老年人信息系统与医疗系统连接整合，实现及时就诊、转诊、会诊和结算等。主动进行面向养老机构的远程医疗服务体系的探索，建立基于第三方的市场化远程医疗服务模式、运营机制和管理体制。①

总之，医养结合的养老服务模式已展现出美好的前景，它作为众多养老服务模式中值得期待的有前途、有潜力的模式，受到社会各界的关注以及广大老年人的欢迎。只要我们不断探索，不断努力，医养结合之路一定会越走越宽，老年人“老有所养”“老有所医”的梦想一定会实现。

二、互助养老模式

近年来，随着我国人口老龄化趋势的发展，养老问题已然成为备受关注的民生问题之一。面对日益庞大的老年群体，养老服务的需求与供给不匹配的问题仍然十分突出，已严重影响到养老产业的持续发展。随着供需问题的不断凸显，目前全国各地正在逐渐兴起一种新型的养老服务模式——互助养老，通过一些省市区的试点已取得较好成效，受到越来越多的关注。

1.互助养老的内涵和特征

互助养老是一种全新的养老模式，是社区养老的有力补充。所谓互助养老，是指以老年群体为养老主体，通过老年群体间、老年群体与其他群体间的相互帮助扶持和精神慰藉等，实现老年群体自助助人、互助互惠的新型养老模式。它是老年群体由“被赡养”到“自助养老”的创新性尝试，还可以鼓励其他群体积极关注老年群体，为其提供有益的养老服务。人都有老的那一天，这也为自身未来积攒养老服务时间和养老经验等。

① 李建霞，宋鹏蕾．浅析我国医养结合型养老服务模式［J］．现代商业，2017（11）：191-192.

作为新兴的养老模式，互助养老具有鲜明的特征：其一，老年群体是互助养老的参与主体。在互助养老的过程中，参与主体是老年群体，但不局限于老年群体，鼓励其他年龄群体也可参与其中。其二，互助是互助养老的核心内容。传统的养老模式大多以血缘、亲情为纽带，但少子化、空巢化、家庭结构小型化、人口流动性大等严峻现实，已难以满足老年群体日益增长的多样化的养老需求。互助养老作为一种新型养老模式，超越了传统的家庭养老模式，立足于道德层面，其核心在于互助。不仅老年群体之间可以互相帮助，还可以利用老年群体的自身优势去帮助其他群体，使其获得有用感和价值感，满足其自身的养老需求。其三，实现互惠是互助养老的根本目的。互助养老的根本目的在于通过老年群体内外间的各类互助活动，提高老年群体的养老质量，达成老年群体内部或者老年群体与社会其他群体间的互利互惠，通过相互间的帮助和扶持，充分发挥老年人的长处和优势，最大限度地满足老年人的养老需求，实现互惠的互助养老目标，切实实现老有所养。

2.互助养老的特色模式

近年来，我国各地因势利导、自主创新，发展了多样化、形式各异、极富启迪的互助养老特色模式：

（1）据点式互助养老，即在农村互助幸福院或城市社区老年活动中心开辟固定场所，开展老年人之间的互帮互助服务。上海浦东万祥镇的农村养老睦邻互助点、甘肃永昌青山堡村的互助老人幸福家园等都是此类互助养老的成功实践。

（2）“扶贫+”互助养老，即将互助养老与精准扶贫有机结合起来，在解决贫困人口脱贫问题的同时，满足老年人的养老问题，如山东省日照市采用政府购买服务的形式，聘用贫困妇女为贫困失能老人提供以“五助四查”为基本内容的互助养老服务，使农村贫困妇女有活干，困难老人有人管。

（3）结对式互助养老，即由地方政府相关部门牵头，让低龄健康老年人以及社会志愿者等与独居、高龄老年人结对子，形成互助关系并开展相互服务。如上海市试行的家庭互助服务项目——“老伙伴”计划即属此类。承接这一计划的社会组织，在社区内招募低龄的老年人志愿者，并对其进行以老年人慢性病防治、老年人心理关爱以及老年人居所的意外防范为主要内容的培训，之后他们就可以正式开启岗位服务，通过上门聊天、电话访问、组织老年社区活动等方式定期与独居、高龄老年人联络，从而使独居、高龄老年人加强与社会的联系和沟通，得到社会的关爱和照顾。

（4）时间银行式互助养老，即养老志愿者将自己提供的志愿服务时间存储起来，在年迈需要照护时，可以从中支取“被服务时间”，接受别人为自己提供的养老服务，以实现互助养老。如为了促进时间银行的联合、规范和通兑，南京市通过养老志愿服务联合会打造“时间银行”平台，在这一平台上所有操作均可通过手机或者电脑端实现，老人也可以通过网点柜台实现服务需求与供给的对接。

（5）老少融合相伴式互助养老，即老年人和年轻人之间形成互助关系，既陪伴和照顾了老年人，又帮助解决了年轻人的现实问题。如上海市普陀区长寿街道望年荟养老院探索这一养老新模式，该院不但设有传统的养老床位，还专门开辟出供年轻人居住的公益房——“志愿者之家”，入住的年轻志愿者每周为老年人提供志愿服务不低于一次。这既鼓励了年轻人为老人服务，同时也为年轻人减轻了房租压力。

（6）“抱团养老”模式，即多位老年人共同居住在一起养老，他们像一家人一样互相关心，互相帮助，共同度过晚年生活。这一模式也称“搭伙养老”“合租互助养老”。几个家庭的老年人“搭伙”组建一个“新家庭”一起养老，伙食、公用设施费等公共费用由老人们均摊，大家一起热热闹闹、和和睦睦地过起日子，用互助的方式解决共同遇到的养老难题。浙江省余杭市、山东省平原县都有这一模式的成功案例。①

3.大连市互助养老的现状与存在的问题

（1）大连市互助养老的现状。近些年来，大连市不乏互助养老的典型做法。《大连日报》2011年10月16日报道：2011年，西岗区4位相邻的空巢独居老人为相互照应，自发结成“生活共同体”，本着邻里信任，她们共同持有联络家庭的钥匙，通过呼叫器进行家庭联网，相互帮衬，应对紧急情况。以此为基础，所在社区成立了空巢老人爱心会所，提供日常互助活动平台，组建义工队服务空巢老人。无独有偶，另据《大连晚报》2014年3月19日报道，北京街道万达华府二期小区创建了老年人互助会，40名老人报名参加，老人们互相帮助，抱团养老，他们制定了章程，推举了会长和副会长。小区里有互助条件、身体较好的老年人可自愿加入该组织，并每年交纳会费100元，独居、困难老人可以交50元，甚至免费。如果谁住院了需要探望，或是互助会搞一些活动，在所需资金不多的情况下，这笔费用就用会费来支付。老年人互助会是养老方式上的一种创新和探索，对于这个自治组织，当地社区还尽力为他们提供活动所需的相关设施，协助他们开展形式多样的文体活动，让老年人能够惬意地享受晚年生活。类似互助养老的组织在大连不断涌现。中国文明网2016年3月23日报道：黑石礁街道书香园社区老年居民成立了名为“博爱之家”的互助养老社会组织，小区内儿女不在身边且平时热爱公益、甘于奉献的老年热心居民聚集在一起，按照各人所长进行分工，组成了医疗救助保健组、理发组、缝纫组、生活用品维修组、电子产品服务组、文艺娱乐组、健身组7

① 刘仁皎．建议我市推广“搭伙养老”新模式［J］．大连老龄科学，2017（3）：16-19.

个小组，加入的老年人可以免费得到互助式服务。随着“抱团取暖”互助活动的开展，这些小组成了社区老年居民们的好帮手、好管家。此外，大连市还有西岗区日新街道红岩社区8位异姓姐妹（最大的87岁，最小的62岁）抱团养老。这些互助养老方式的出现，为下一步大连市推动这一新型养老方式的发展积累了宝贵的经验。

（2）大连市互助养老存在的问题。大连市要进一步促进互助养老方式的发展，在具体的实践过程中要着力解决以下突出问题：

一是相关法律法规不健全。大连市的互助养老模式有了一定的实践和推广，大连市政府部门在一些文件中对“互助养老”也予以明确倡导，如《大连市人民政府关于加快发展养老服务业的实施意见》（大政发〔2014〕55号）中提出：“支持基层群众性自治组织开展居家养老互助服务”；《大连市人民政府办公厅关于全面放开养老服务市场提升养老服务质量的实施意见》（大政办发〔2018〕113号）明确提出：“积极开发老年人力资源，倡导‘互助养老’模式。”但是，受经济、文化和资源等方面的制约，尚没有形成明确的互助养老标准规范，对互助养老的管理也缺乏明确的法律和制度保障。老年群体健康状况不稳定，在互助过程中存在较大安全隐患，一旦发生意外安全事故，而相关制度缺失，将面临无人问责的尴尬局面。

二是社会对互助养老的认同度较低。目前，由于传统观念对人们的深刻影响，老人及其子女往往对互助养老模式存在着双重排斥，客观上互助养老机构入住率较低就是一个例证。虽然互助养老既能使老人的养老需求得到满足，又可提高老人的有用感和价值感，但碍于“面子”，很多老人及其子女都不希望老人入住养老机构或是去照顾其他老人。

三是养老服务配套设施不完善。近年来，大连市各级政府部门加大了财力、物力投入，养老基础设施建设和养老保障水平有了一定的提升，但是，与庞大的老年人口数量和增速相比，大连市养老服务配套设施还存在不尽如人意的地方，还不能满足老年群体多样化、个性化的养老需求。

四是互助养老资金渠道单一且不足。《大连市人民政府办公厅关于印发大连市开展居家和社区养老服务改革试点实施方案的通知》（大政办发〔2018〕106号）提出：“2018年，建设100个符合标准的农村互助幸福院；2019—2020年持续推进农村互助幸福院建设，到2020年，农村养老服务设施覆盖率达到70%以上。在市福彩公益金给予一次性建设补助的基础上，中央补助资金再给予最高不超过1万元的农村互助幸福院一次性试点服务项目运营补贴。”这是大连市对农村互助养老设施的重要资金支持，必将推动农村养老事业的发展。但是，大连市与全国其他地区一样，互助养老的实施和开展一般都由城市社区居委会或者农村村委会具体负责，牵头举办，其资金一般唯一依靠的是地方政府拨款，加之由于在经济主体投入方面的界限、权责不明确，相关法律法规不健全，导致很少有企业主动参与、主动出资，这使互助养老资金基本没有其他来源渠道，造成资金不足，大大影响了互助养老进一步开展和推广。

4.积极老龄化视角下互助养老的发展对策

1999年世界卫生组织率先提出积极老龄化概念，它倡导老年人以健康为基础，以积极的态度对待人的老化，摒弃年老则意味着衰退和落后的传统观念，鼓励老年人积极参与社会生活，充分发挥其在思想传承、人生阅历、生活经验、技术技能等方面的独特优势，不因年龄的增长而放弃各方面的生活权利，使自身的生活状态和生活质量各方面达到最佳水平，进而从容积极地应对老龄挑战。①

新时代互助养老已经成为破解老龄化问题的重要思路和实践路径之一。在积极老龄化视角下，互助养老模式唤醒了老年人群，尤其是低龄老年人群应对老龄化的积极因素，融合了传统与现代养老的优势，老年人在自主选择的基础上，通过整合自身、家庭、社区等人际资源，开展内容丰富、形式多样的文化活动，满足了照料和情感的需求，实现了老有所乐、老有所伴。互助养老无疑使得老年人更多地参与到社会、经济、文化和公共事务中来，在这一过程中，老年人不再仅仅是养老服务的被动接受者，而成为社会财富的创造者和社会发展的积极贡献者。②

积极老龄化视角下发展互助养老应采取以下对策：

（1）整合各类资源，建立多元支持体系。互助养老不是老年人的简单组合，其需要多方面力量共同参与、协作与配合。③政府、社会、社区（乡村）、家庭以及老年群体等积极介入，通过社会资源的充分整合，建立起多元化的社会支持体系，才能实现互助养老的良性发展。④

① 政府要发挥主导作用。一是要完善社会保障体系，实现社会养老保障全覆盖，加强制度顶层设计，让老年人养老与医疗保险实现跨地区有效衔接，打破互助养老地域上的局限，政府还应将互助养老模式纳入社会事业发展规划中，并给予一定程度的政策倾斜。二是加快互助养老的法治化进程，出台相关法律法规，明确互助养老的各相关方的责、权、利，使互助养老有章可循、有法可依，为互助养老的稳定有序开展提供切实的保障。三是政府要加大政策、财政支持力度。在财政上，政府要向互助养老予以适当的倾斜，给予一定的支持性补贴或者设立专项帮扶资金，对水、电、取暖等互助养老机构发生的日常费用予以减免。在政策上，如通过

---

① 张岩松，等．老龄产业发展对策研究［M］．北京：清华大学出版社，2016：12-13.
② 张亚丽，季年芳．积极老龄化视角下农村互助养老模式效用浅析［J］．湖北农业科学，2018（10）：164-167，172.
③ 张岩松，等．社会养老服务体系建设研究［M］．大连：东北财经大学出版社，2016：83-84.
④ 白华．互助式养老：破解城镇养老难题的路径选择［J］．社会科学家，2016（6）：83-87.

对私营互助式养老院给予审批、贷款、税收等方面的便利和优惠等，调动社会力量参与互助养老的积极性、主动性和创造性，切实保证在农村和城市社区互助养老能够稳定地发展。

② 动员社会力量的参与。互助养老的健康发展离不开个人、私营企业、志愿者组织及各类非政府组织等社会力量的支持和参与，各级政府应该加大对社会力量鼓励和动员的力度，吸引其投身互助养老，更好地服务老年人，减轻各级政府以及老年人的家庭负担。还要提高互助养老的社会化水平，发挥互助养老中介机构的桥梁作用，搭建互助养老网络平台，线上、线下互动，实现互助双方的无缝对接。

③ 强化社区（村）的管理与服务职能。互助养老一般以城镇社区（村）为基本单位，邻里结伴而居的老年人在其中进行自我管理与服务，互相照顾，互相扶持，从而使独居、空巢老年人得到细致照护和精神慰藉等。社区（村）组织作为互助养老第一线的组织者与管理者，应积极转变职能，以为所辖区域内的老年人服务为本，加大养老服务的基础设施和文化设施的建设力度，定期举办丰富多彩、形式多样的文娱活动，丰富老年人的精神生活，使老年人从孤独、寂寞的心理阴影中走出来。

④ 赢得家庭的支持与配合。在传统的家庭养老模式难以切实地满足老年人各方面需求的情况下，作为新型养老模式的互助养老逐步产生了，但这并不能说明互助养老不再需要来自家庭的支持与配合、不再需要家庭力量的参与付出，相反，解决老年人生活照料与精神慰藉问题，使老年人不再空虚与寂寞，亲情的作用是不容忽视和不可替代的。老年人的子女们应自觉履行照顾父母的义务和责任，孝敬老人，常回家看看，抽时间陪伴父母，对父母参与互助养老给予最大程度的支持和理解，积极配合互助养老模式的开展和推广。

（2）强化基础工作，营造互助养老环境。发展互助养老，需要做好基础性工作，营造互助养老的良好社会环境。

① 建立老年人养老档案。互助养老的实施必须充分了解老年人各方面的需求，老年人的需求具有多样性，且每位老年人个人情况不同，其需求也有较大的差异，必须开展细致的调查，收集不同年龄段的老年人身体状况、家庭基本情况、个人文化程度、个人养老意愿等相关信息，并在进行细致分析的基础上，做到分门别类，建立起反映老年人真实需求状况的养老档案，以便在互助养老实施中，在尊重老年人隐私的前提下有针对性地确定最佳的互助组合。

② 建立老年人互助制度。这是推进互助养老的一道重要防线，可以有效地避免“搭便车行为”的发生。为此，一方面，要不断提升老年人的道德修养水平，在老年人中弘扬“互助友爱”的传统美德，营造团结、和谐、互助的良好氛围；另一

方面，要监督和引导互助行为，完善惩处机制，杜绝不付出，只知索取的不良行为发生，为互助养老提供切实的保障。

③ 搭建同辈关系网络。当今，面对经济、社会、文化等各方面越来越快的发展和进步，老年人会慢慢地跟不上社会的节奏和时代的步伐，尤其是随着城市居住条件的改善，老年人与外界的沟通交流越来越少，老年群体的社会关系也变得越来越单一，这加剧了老年人的寂寞感和孤独感，甚至给部分老年人带来了严重的心理问题。为此，要积极搭建同辈关系网络，深化老年人作为社区（村）中一员的角色意识，积极融入群体中来。社区（村）也要为老年人营造和谐美好的环境，提供相应场所，搭建和谐的交流平台，大力宣传互助理念及其意义，充分激发他们的交流潜能，让老年人走出家庭，与社会广泛接触，积极主动参与各类活动，与他人建立起良好的人际关系，使老年人在互动中找到自身价值，发现生活的美好。

④ 健全监督评估机制。要想确保互助养老健康有效运行，就必须注重建立健全的监督评估机制。互助养老的发展不但要重视基础设施，更要重视服务质量的提升，既要加强基础建设，更要重视科学管理，健全监督评估机制，以保障服务内容的规范、项目资金的合理使用和互助养老服务水平的不断提升，从而使互助养老模式得以顺利推行和健康发展。

（3）强化社会认同，建设高素质服务队伍。社会对互助养老的高度认同，是互助养老得以推行的重要保证。

① 要树立“以老为本”的理念。互助养老的实施，一定要从老年人的根本利益出发，把满足老年人的基本照护、心理关怀的需求作为行动的根本出发点和落脚点，特别要着力解决独居、空巢老人的精神慰藉问题，努力消除他们的孤独寂寞感，让邻里之间发扬互助友爱精神，互相帮助与扶持，使老年人真正从互助养老中受益。

② 要加大相关宣传力度。可以通过开展公益广告宣传、举办养老公益讲座、举行老年人文艺晚会等大家喜闻乐见的形式，将互助养老的优势、最新的养老理念和养老知识等传递给老年人及其家属，并让广大社会公众对互助养老更加知晓和认同。

③ 要培养高素质的老年社会工作者和志愿者队伍。互助养老的推行离不开一大批高素质老年社会工作者和志愿者。他们要本着助人自助的原则，承担起老年人，尤其是高龄老人和丧失生活能力老人的权益维护、资源中介、心理疏导、社会关系协调、生活照料、疾病护理、健身指导、精神关怀等工作，为老年人提供周到、高效、贴心的服务，推进互助服务的连续性和稳定性，不断提高互助养老的质量和水平，这样才能从根本上强化社会认同。

（4）因地制宜，合理利用资源，开展城乡互助养老。我国互助养老实践中不同地区所采取的具体方式也各不相同。在漫长的历史发展中各地的经济状况、家庭观念、自然人文、宗教信仰等各有不同，这些条件的差异自然也会影响到各地养老观念及其养老方式的选择，因此各地在互助养老实施中应当顺势而变、因地制宜。各地应借助本地资源，开展符合本地实际需求的行之有效的互助养老模式，并积极出台互助养老规范和标准，保障互助养老的健康发展。

可合理运用城乡资源，开展城乡互助养老。城乡互助养老是基于共享经济理念，利用农村闲置资源，为城市有自理能力的老年人提供居住、保健、养生、娱乐、休闲等各项涉老服务，使农村闲置性的非经营资源与老年人丰富多样的养老需求实现高效对接，从而提升资源利用效率，改善养老群体生活品质的一种模式。①

城乡互助养老旨在对养老服务“供给侧”和“需求侧”双方进行改革，它在推进养老产业发展、实现农民就业和创业、改善老年人的养老观念等方面都发挥了重要作用。在“供给侧”，可充分利用农村大量闲置的土地、房屋、劳动力等，解决农村资源的大量闲置问题；在“需求侧”，通过网络等信息平台，及时了解老年群体的养老服务需求以及服务提供方可提供的服务内容等，做好两者之间的信息沟通，帮助老年人节省找寻成本和等待时间。

而且与城市相比，农村具有很多天然的优势：一是空气清新，绿色健康，闲适的田园生活，美好的童年记忆等，都对老人有着很大的吸引力。在这里生活可以陶冶情操、舒缓情绪，有助于老年人身心健康。二是农村有大量闲置劳动力可利用，经过老年照护相关知识和技能培训，他们完全可以从事相关工作。一般农村劳动力吃苦耐劳，更容易认同老年照护工作。三是随着农村经济发展，城乡互助养老可提供的内容也更加全面、更加综合，能够满足老年人在住、休、养、娱等方面的需要，使老年人的获得感、安全感和幸福感得到有效提高。四是农村的服务成本相对城市较低，结合我国目前大多数城市退休老人的退休金并不高的现实，在农村生活有着环境和价格上的双重优势。

当然城乡互助养老中也存在一些不足，如在农村养老离医院较远，不方便老人就医等，针对这种情况，可以通过与周边知名医院开展合作，定期为老人进行体检、会诊，一旦老人有需要入院检查或治疗时，可开通绿色通道，方便老人就医。综合来看，结合各地优势资源，因地制宜，充分开展城乡互助养老，既是新的经济增长点，又可缓解老年照护人员不足等问题，促进养老产业的健康发展。

（5）实施社区货币，助推互助养老发展。为鼓励更多不同群体的人参与互助养老，缓解当下老年照护人员不足等问题，政府可根据当地养老服务实际情况，在社

① 睢党臣，曹英琪．共享经济视阈下城乡互助养老模式的构建［J］．长白学刊，2019（2）：110-116.

区内发行以小时为计量单位的社区货币。每月免费为社区内达到一定年龄、需要照顾的老人发放一定量的社区货币，这些老人可以凭此获得基本的养老服务，满足其合理的养老需求。而提供服务的老人或年轻人也可以根据其服务时间获得一定量的社区货币，他们可以凭借这些社区货币在自己年老丧失劳动能力时得到相应的照顾。以社区货币为媒介不仅可以实现社会养老的代际传承和交换，还可使邻里之间的相互照顾、相互交流增多，使传统的反哺式家庭养老为接力式的社会养老所取代，这样照顾老人的责任也就从家庭扩展到了整个社会。[①]

实施社区货币，是基于时间银行式的养老模式的出现而发展起来的。所谓时间银行，是指志愿者将参与公益性的养老服务的时间存进时间银行，当自己需要养老服务或者遭遇困难时，就可从中支取“被服务时间”。目前时间银行式养老服务模式在我国南京、重庆、成都、南宁等城市已经出现，它主要是依托社区，以需要照护的老年人为重点服务对象，是当前广受关注的一种新型互助养老模式。

时间银行式养老模式的宗旨是用支付的时间来换取别人的帮助，在具体实施中社区就是时间流通的桥梁。在社区内发行的社区货币，应有政府作为担保，具有良好的信用，这样才能吸引有条件的老年人或其他群体的人自愿参与其中，使得有需要的老人可以得到他人照护，解决子女不在身边老人的养老照护难题。

（6）扩大社交范围，帮助老人搭建积极的社会支持关系网络。随着社会生活方式的转变，很多老人逐渐跟不上社会节奏，他们对很多新知识不了解，新的生活方式也难以接受，自感被社会所抛弃。有的老人由于身体健康原因，社会活动范围变得狭窄，整天闷在家中，很少与人交流，渐渐地变得自卑、与社会脱节。还有的老人遇到疾病、生活中的不如意等事情时不知和谁交流，不知向谁求助，结果使得紧张焦虑、担心恐惧、抑郁低落等负面情绪无法宣泄，甚至产生严重的心理问题。现实中很多人只关注到了老年人的衣、食、住、行、医等基本养老问题，却忽视了老年人也是社会的一分子，他们也需要和他人交流，也需要他人精神上的关心与帮助。

要改变这一状况，一是要让老年人认识到自己也是社区中的一员，积极地参与到社区这个大家庭中，学会共享。二是社区也要为老年人搭建交流的平台，鼓励老年人走出家庭与其他人建立社会关系。[②]因此在互助养老中，可有针对性地开展精神慰藉活动，如让青少年志愿者陪老人一起聊天、参加活动，通过老少互动，既可满足老年人与人交往的心理需求，又能丰富年轻人的生活经验，达到互惠双赢的目的。

---

① 郑红、李英、李勇．引入社区货币对互助养老时间储蓄的作用机理——应对人口老龄化的金融创新［J］．财经研究，2019（5）：72-83，98．

② 张会霞．新时期城市社区互助养老模式探索［J］．产业与科技论坛，2016（3）：132-133．

社会支持资源在老年人的生活中具有重要作用，有研究发现，老年人所获得的社会支持越多，其幸福感和生活质量越高。我国很多老年人在遇到困难时会向他人倾诉或主动寻求帮助，但也有一部分老年人的社会支持系统不健全，其家庭关系较差，至交好友较少，难以获得有效的支持和帮助。因此在互助养老中，应鼓励老年人主动与他人交流，扩大社交范围，帮助他们建立健康的社会支持网络。

三、智慧养老模式

我国已经进入人口老龄化快速发展阶段，日益庞大的老年群体难以从传统养老模式中获得相对高质量的养老服务，如何将养老压力转化为发展老龄事业和银发产业的动力，进而推动社会的全面发展，是摆在我们眼前的现实问题。作为对传统养老模式的一场革命，智慧养老将结合信息科技的优势与力量，为我国养老事业和产业面临的难题与困境提供新的思路与切实可行的实践道路。它必将给老龄产业的发展带来新气象和新机遇。

1.“智慧养老”的提出

以信息通信技术为核心的新一轮科技革命方兴未艾，正在推动着人类经济社会生活的方方面面发生着根本性变革。由于科学技术与社会发展的互动、协同和共生等特性，人们在面对社会迅速老龄化所产生的各种问题的时候，自然而然地转向了现代信息技术。20世纪90年代，在美国旧金山国际学术会议上首次提出了“智慧城市”（smart cities）的概念。①2008年，IBM在纽约的外国关系理事会上提出了“智慧地球”概念，并在2009年发布了《智慧城市白皮书》，认为智慧城市的和谐是建立一个有新工具、新技术支持的，涵盖政府、市民和商业组织的新城市生态系统，②智慧城市是指运用先进的信息和通信技术，将人、商业、运输、通信、水和能源等城市运行的各个核心系统整合起来，使整个城市在宏大的系统中以更加智慧的方式运行，最终为城市生活人群提供更美好的生活，促进城市和谐和可持续发展。智慧城市应该具备的两大要素是网络和应用。“智慧”技术的出现，无疑为解决日益严峻的养老问题提供了新思路。在此背景下，在“智能养老”的基础上进而发展出了“智慧养老”的概念。智能养老即“智能居家养老”，由英国生命信托基金会最早提出，被统称为全智能化养老系统（intelligent home care system），该养老模式能让老人在日常生活中不受时间和地理环境的束缚，在自己家中过上高质量高

① 陈江岚．智慧城市论丛［D］．上海：上海社会科学院，2011：204-206.
② 岳梅樱．智慧城市实践分享系列谈［M］．北京：电子工业出版社，2012：3.

享受的生活。在此基础上，智慧养老（smart care for the aged）是面向居家老人、社区及养老机构的传感网系统与信息平台，并在此基础上提供实时、快捷、高效、低成本的，物联化、互联化、智能化的养老服务。“智慧养老”是“智能养老”概念的更进一步发展，从词义上讲，“智能”（intelligent），更多体现为技术和监控；“智慧”（smart）则更突出了“人”以及灵活性、聪明性。在满足老年人的多样化、个性化需求的基础上，还要一方面做得有智慧，即借助信息科技的力量实现绿色养老、环保养老；另一方面利用好老年人的智慧，最终为老年人打造健康、便捷、愉快、有尊严、有价值的晚年生活。①

近年来，在积极推进智慧养老方面，我国政府和产业界已经做了很多工作。如2013年8月全国智能化养老专家委员会在北京召开了第一次工作会议；2013年10月北京市人民政府与国务院台湾事务办公室等单位共同举办了“首届京台智慧养老论坛”；2013年10月，上海召开了第二届“沪台健康城市论坛”，养老问题作为上海面临的重大问题被提及和深入讨论。全国老龄办计划在全国推进“智能化养老试验基地”建设，并批准筹建全国智能化养老和全国老龄智能科技产业园。

一些省、自治区、直辖市也先后进行了智慧养老试点，如宁夏开建智能化社会养老服务信息平台，通过中国电信推出的ITV、天翼手机看家、老年手机定位、代购代缴预约服务等形式，以电话热线和救助终端为纽带，为居家老人提供紧急救援、实时定位、健康咨询、生活信息等服务，并将一键报警老人手机与民政部门的12349居家养老服务呼叫网络相结合，推出“电子保姆”信息化项目，逐步将银川的96890平台向全市全区居家老人无线定位服务平台12349居家养老服务平台延伸。专门研发老龄用户信息产品、设备和服务的老年信息科技产业属于战略性新兴产业，其发展方兴未艾，动力十足。②在智慧养老社区建设方面，如上海将以“智慧养老”作为重点内容，试点推进10个左右“智慧养老社区”建设。在智慧养老机构建设方面，北京市昌平区汇晨老年公寓与日本电气股份有限公司（NEC）（中国）合作建立的首个智能老年公寓信息化系统正式运行，为公寓内的700多位老年人提供智慧养老服务。兰州市城关区虚拟养老院已经投入运行，正在推进智慧养老服务。

我国政府高度重视智慧养老。《中国老龄事业发展“十二五”规划》和《社会养老服务体系建设规划（2011—2015年）》中都提到要使用信息化技术提升居家养老和社区养老的服务质量。2015年4月，民政部与国家开发银行联合发布《关于开发性金融支持社会养老服务体系建设的实施意见》，明确重点融资支持社区居家

① 左美云. 智慧养老的内涵、模式与机遇［J］. 中国公共安全，2014（10）：48-49.
② 白玫. 智慧养老：养老体系需要顶层设计［J］. 江苏论坛，2016（3）：34.

养老服务设施建设项目、居家养老服务网络建设项目、养老机构建设项目、养老服务人才培训基地建设项目和养老产业相关项目5个方面。借助“互联网+”的东风，养老产业再获政策支持。2015年4月国家发展改革委办公厅、民政部办公厅、全国老龄办综合部联合发布了《关于进一步做好养老服务业发展有关工作的通知》，通知中强调要对养老服务业进行创新发展，融入“互联网+”行动，将信息技术、互联网思维、人工智能与居家养老服务机制建设相结合，针对老年人需求，积极开发信息开放平台、可穿戴设备等养老产品，提供人性化的、高效的智能养老服务。智慧养老成为推动老龄产业发展的一支重要力量。

2. 智慧养老的内涵与特点

智慧养老是指利用现代化信息技术（如互联网、移动互联网、社交网、物联网、云计算等），围绕老年人的生活起居、安全保障、医疗卫生、保健康复、娱乐休闲、学习分享等多方面支持老年人的生活服务和管理，对涉老信息自动监测、预警甚至主动处置[①]，使这些技术实现与老年人的友好、自主、个性化智能交互，满足了老年人安全监护、健康管理、生活服务、精神慰藉等各类需求，让老年人随时随地都能享受到便捷、高品质的服务，提升老年人的物质和精神两方面的生活质量，并利用好老年人的经验智慧，为社会发展创造价值。

智慧养老构建了面向家庭养老、社区居家养老和机构养老的物联网系统与信息平台，整合政府、社会及社区家庭的资源，为养老提供更便捷、高效、灵活的公共管理创新服务模式。智慧养老服务系统主要以感知节点、数据分析、监管评价为技术手段，与服务提供者实现便利对接，从而享受到智慧带来的高性价比。智慧养老的关键点在于无障碍感知老人身体特征，智慧分析老人各层次需求，快速便捷地按需提供服务，大幅降低现有养老服务价格，准确有效地对服务进行客观评价监管。智慧养老旨在通过智慧技术创新养老管理，与智慧城市的建设全面接轨，更好地为老年人提供养老服务。智慧养老系统如图5-1所示[②]。

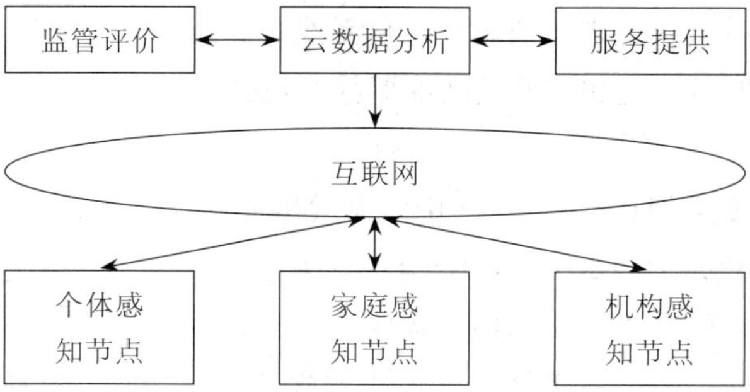

图5-1 智慧养老系统示意图

① 左美云. 智慧养老的内涵、模式与机遇［J］. 中国公共安全，2014（10）：49.
② 沈嘉璐. 福州市智慧养老服务体系研究［J］. 学术探索，2015（3）：128.

智慧养老具有如下特点：

（1）资源整合。智慧养老有别于传统的养老服务模式。由于在养老服务标准化建设下加强了养老服务信息化管理这一创新理念，养老服务的信息资源、组织资源充分整合，社会支持更有效地汇聚，充分调动各类关系网络，这不仅是对失能老年人社会网络的弥合、强化甚至重构，更是一种创新的社会网络。智慧养老服务通过将人、物、信息及服务进行充分的融合，通过构建服务平台，使得各类社会资源广泛汇聚，使社会支持有更广泛的发挥平台，实现养老服务的全面性、整体性和社会性，使社会各界的广泛支持及时、有效和快捷地满足失能老年人差异化的养老服务。①

（2）技术融合。智慧养老还体现了信息科技的集成，融合了老年服务技术、医疗保健技术、智能控制技术、计算机网络技术、移动互联技术以及物联网技术等，使这些现代技术集成起来支持老人的服务与管理需求。

（3）以人为本。智慧养老体现了以人为本的思想，把老年人的需求作为出发点，通过高科技的技术、设备、设施以及科学、人性化的管理方式，让老年人随时随地都能享受到高品质的服务。

（4）优质高效。智慧养老通过应用现代科学技术与智能化设备，提高服务工作的质量和效率，同时又降低了人力和时间成本，用较少的资源最大限度地满足老年人的养老需求。这些智能设备通过相应的适老化设计，可以完成人工不愿做、人工做不好、甚至人工做不了的为老服务，为求解“未富先老”和“无人养老”（主要指没有人愿意做护理人员）两个困局提供思路和实现方式。②

（5）精神支持。智慧养老在物质生活层面，主要是为老年人的生活提供足够的支持，在精神层面主要丰富老年人的精神生活，让老年人能够活得更有意义。智慧养老可以让老年人的智慧得到再次利用和发挥，通过网络技术以及社交网络平台，利用老年人的经验智慧，使老年人焕发人生第二青春。

3. 智慧养老的构成

对从事养老服务的企业来说，智慧养老从各个层面提供了市场需求，充满了发展的机遇。

（1）智能家居。通俗地说，它是集自动化控制系统、计算机网络系统与网络通信技术于一体的网络化智能化的家居控制系统，让用户使用更方便的手段来管理家庭设备。智能家居改变了人们传统的生活方式，使家居生活充满新奇时尚的个性，乐趣无穷。与普通家居相比，智能家居不仅具有传统的居住功能，而且兼备了网络

① 张玉琼．构建失能老年人的智慧养老服务平台——以社会网络为视角［J］．老龄科学研究，2015（6）：51.

② 左美云．智慧养老的内涵、模式与机遇［J］．中国公共安全，2014（10）：49.

通信、信息家电、设备自动化，可以帮助家庭与外部保持信息交流畅通，优化人们的生活方式，有效安排时间，增强居家生活的安全性，甚至有节省各种能源费用的优势。智能家居的功能可以满足老年人家居对安全、舒适、生活辅助等的需求，因此，智能家居成为老年人家居的重要发展方向。①

为了让老年人或病人保持独立性，即使在不住院的情况下也能享受到24小时的智能服务，国外在20世纪90年代便进行了智能家居和辅助设备的探索。如跌倒是老年人独立生活的主要障碍，是79岁以上老年人意外死亡的第二大诱因，每年至少有30%的老年人会发生跌倒意外。因此，在老年人智能家居方面，国外学者对防跌倒检测进行了大量的研究。为了促进社区老年人防跌倒的综合管理，Williams早在1998年就对防跌倒的智能传感器进行了研究，该传感器可识别坠落的状态进而确定是否需要进行援助行动。此外，该器件还能对日常生活活动能力（ADL）进行计算，以帮助社会工作者和职业治疗师判断一个人是否可以进行独立生活。为维护老年人健康和安全，其他辅助设备也成了老年人智能家居的重要组成部分，如视频监控、远程健康监测、电子传感器和设备（门磁监控、床警报、压力垫、烟雾报警器）。

国内对智能家居的研究大多集中在智能家居系统设计范畴，对智能家居产品的研究还比较匮乏，相对国外而言，研究尚处于起步阶段。左美云对智能家居产品做了一些总结性的介绍，构建了一幅智能家居图：虹膜识别门可自动识别老人虹膜进行开门；气象感知器可自动测定室外温度、湿度、风速，提醒老人出门注意事项；智能恒温器能记录用户室内温度数据，进行用户习惯识别；防跌倒地板可检测到老人的异常活动状态；智能茶几能提醒老人按时吃药及吃药剂量；智能鞋柜可自动推送给老人合适的鞋子，无须老人自己弯腰穿鞋。魏广巨在家居安防的基础上提出了可以检测白血球、尿糖的马桶，具有压力感应的床垫、地板，以及可以检测体温的拖鞋的设想。每一件产品都是一台健康检测仪器，可以记录老人日常生活的轨迹。熊慧对智能淋浴房和智能浴缸进行了设计，智能淋浴房可以通过手机App控制卫浴情况，用声控调节水温，可进行洗浴时间的控制，还能进行针刺按摩、蒸汽治疗、音乐疗养等保健活动，一旦发生意外情况会马上报警。

可穿戴设备是智能家居不可缺少的组成部分，智慧养老体现在老人所用的设备上，很重要的一方面是现在可穿戴设备的发展。可穿戴设备具有随身携带、灵敏度高、交互性好的特点。国内对可穿戴设备的研究并不多，孔超对老年人可穿戴设备的设计进行了研究，他将可穿戴设备按照佩戴位置总结为头部、上肢、手部、足部四类。头部类包括智能眼镜、智能头箍；上肢类包括智能胸带，智能臂环、智能胸针；手部类包括智能手环、智能手表、智能戒指等；足部类包括智能鞋、智能足

① 张超，许晓云．老年家庭智能家居产品设计研究［J］．设计，2014（9）：33.

环。石明星对穿戴式智能衣进行了研究，智慧衣可以获取老年人心电信号并进行数据分析，一旦出现异常情况可向监护方和医院发出求救信号。智慧衣要设计得舒适，在确保接触良好的同时不能对皮肤造成伤害，要具有良好的弹性，易于身体活动。[①]这些设备最好能做到使老人感觉不到技术的存在，同时又能收集到他（她）的重要信息。

目前市场上主流的智能家居系统（如图5-2所示），[②]主要分为智能灯光控制、智能电器控制、安防监控控制、中心控制几大功能。

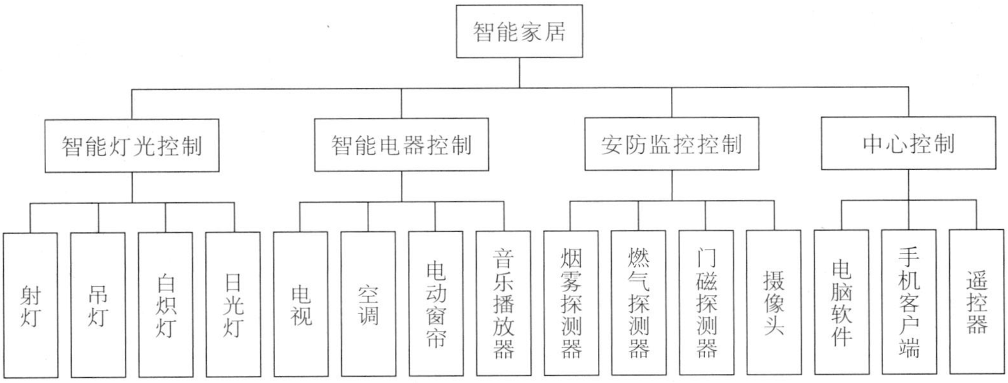

图5-2 智能家居系统主要构成

智能家居系统还被运用在老年公寓中，这为老年人在老年公寓的家居生活提供了便利，同时大大提高了老年人居家生活的质量。由于老年人是一个特殊的群体，对于老年公寓智能化的设计，更要本着以老年人为本的设计思想，简单易操作。为了满足老年人特殊的生理和心理需求，可以在老年公寓的设计中引入一些特殊的智能技术，如防卫自动化系统，身体保健自动化系统，食物烹调自动化系统，文化娱乐、信息自动化系统等，从而完善老年公寓的使用功能，[③]为老年公寓的家居生活提供便利，使老年人居家生活提高效率。老年公寓智能家居系统如图5-3所示。[④]

（2）智能护理。发展现代护理装备，以及营造安全、便捷的生活环境有助于改善老年人的生活态度和生活方式。智能护理设备的开发应用，能够有效地降低老年人对家庭和社会照顾的依赖，减轻家庭和社会的负担。

①智能护理床。它是长期卧床长者最必要的装备之一。但是，智能护理床仍需进一步的智能化，涵盖更多的技术功能。如在专业护工的监管下，长者可通过语音、摇杆、控制盒按键、专用平板电脑甚至脑电波传感，以多种交互方式控制

① 孙梦楚，高焕沙，薛群慧．智慧养老产品开发现状研究［J］．经济师，2016（4）：36-37.
② 左美云．智慧养老的内涵、模式与机遇［J］．中国公共安全，2014（10）：48-49.
③ 张彦艳，高丕基．我国老年住宅智能化技术应用研究［J］．北京建筑工程学院学报，2008，24（2）：42-46.
④ 朱礼智，张艳君．现代老年公寓智能家居系统的设计［J］．包装工程，2013（5）：32-33.

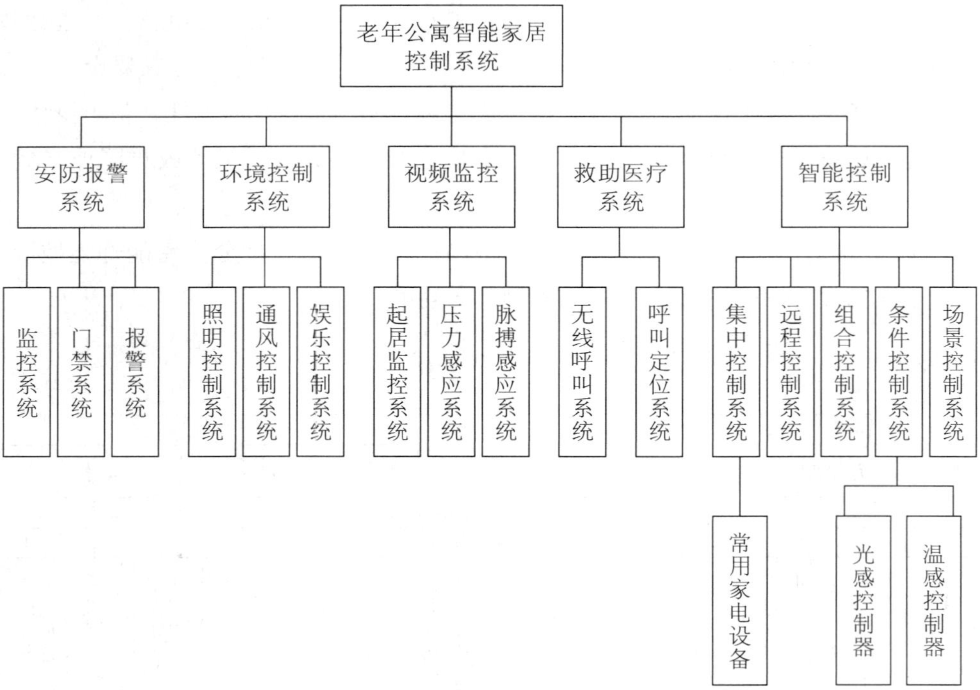

图 5-3 老年公寓智能家居系统

调节护理床的姿态。这让身体条件稍好的长者，能相对轻松和安全地应用智能护理床，实现个人自理（控制调节）。此时，监护人员与患者双方均能安全使用相关设备。在国内，部分医院开始使用无源或有源可调节护理床，但是这些护理床大多仿效国外功能。无源护理床最早由外国人设计，但其唯有专业护理人员可以操控，患者只能被动地受医护护工调控进行护理。因此，智能护理床除了要解决误操作等安全问题外，同时还需在人性化方面寻找突破口，这也是突破传统关键所在。

②护理机器人。作为未来的智能护理设备发展中的一个重要方向，护理机器人在智能化和集成度方面要求更高。护理机器人不仅需要解决类似智能护理床的技术难点，而且需要实现室内定位、自主巡航等功能，技术要求更高的同时，安全防护要求也更高。

现今国内外，由于技术难度大、开发成本高等因素，护理机器人的研发仍处于初步阶段，成型的产品较少。由于护理机器人智能化程度更高，患者能更充分地利用居室场地内功能性区间的资源，更自主地操作机器人来达到自我护理的目的，大大减少护理人员的工作量，因此，护理机器人有着良好的发展前景，随着社会的进步会越来越得到青睐。

无论是智能护理床还是护理机器人，在设计上都配置采用六参数（血压、血氧、脉搏、心电图等）生命体征监测仪，并将监测仪与手机连接，可通过手机流量或WiFi将生命特征参数传送出去。通过对生命特征参数多级阈值预警的设置，医护人员甚至患者家属，可以在第一时间了解患者当前的身体状况，在参数出现异常时将报告传送给有协议的护理人员或护理医生。如此，养老院及居家养老的护理工作可以切实在可靠监控下进行，使得护理工作的风险降至最低，切切实实保障长者的安全。[①]

（3）智慧养老服务平台。它能够融合移动互联网和物联网等技术手段，通过智慧养老服务信息共享平台与业务平台、全程档案管理平台、服务模块信息交换层的各项服务应用和高度集成的服务终端等，为老年人提供自我健康及生活管理服务，提高其健康水平和生活质量[②]。

美国的Honor公司专注于养老护理服务，开发了一个在线市场平台。护工们在该平台上注明他们的服务类型、资质、技能、服务时间，同时老人也注明他们的个人信息及服务需求，Honor公司会将护工信息和老人的需求匹配，进行服务对接。马里兰大学开发了一个名叫Time Bank Manager（时间管理银行）的信息管理系统，志愿者免费为老人提供服务，并将服务时间存入时间银行，当志愿者自己需要相关服务时，便可提取“时间”享受服务，这种互助式养老目前也被我国很多社区效仿。西班牙的Etchemendy研究组专门开发了一个改善老年人精神及心理需求的健康管理平台，当老年人出现负面情绪时，系统会准确感受到老年人的心理变化，并及时对老年人进行心理状态评估，提供给老年人一个最适宜的放松治疗方式。瑞典Tass公司研制出了基于Android系统移动健康监护系统，也进行了手机配套健康监护软件的设计，系统通过无线接口将手机与无线网络相连接，将传感器采集到的健康数据（血压、血脂、心率等）传输到手机上并做好数据分析及健康建议。国内众多学者投身于智慧养老平台及系统领域的开发研究，王欣刚依托电信运营企业的统一化开放平台设计了智慧养老信息系统总体架构，分析了服务平台的功能，完成了平台功能的设计，以及平台与政府网站群的对接，最后对接口管理和定制终端功能进行了描述。朱晓凤在移动互联网和社区养老模式的基础上进行了基于Android技术的智慧养老平台设计，她调研和分析了老人的需求并进行了归类，然后通过Ruby onRails技术和Android技术部署到Web网络平台和Android Pad移动终端，同时为社区老人建立了电子健康档案，并将整个系统部署到老人社区。[③]智慧养老服务平台具有以下三大作用：

① 壮大在线健康服务产业。鼓励医院和体检中心等各类健康服务机构共同搭建个人健康管理公共服务平台，集合生命体征检测、医疗化验、医疗病历和用药记

① 孔庆莹，李青云，王波，等. 适用于居家养老的智能护理设备应用综述［J］. 电脑编程技巧与维护，2015（14）：104.

② 张玉琼. 构建失能老年人的智慧养老服务平台——以社会网络为视角［J］. 老龄科学研究，2015（6）：51-52.

③ 孙梦楚，高焕沙，薛群慧. 智慧养老产品开发现状研究［J］. 经济师，2016（4）：36-37.

录等个人健康信息管理。鼓励第三方网络平台开展在线健康测评，面向广大亚健康人群提供慢病医治、健康预防等方面的咨询建议和服务。积极探索、有序推动个人健康信息资源的开放与共享，发挥数据创新潜能，培育大众创业的广阔空间。

② 打造养老服务新模式。构建社区养老服务O2O网络平台，以信息化建设为抓手、以政府购买服务为推手、以培育社会组织为支撑、以老年人需求为导向，整合社会各类服务资源，为老年人提供包括紧急救援、家政服务、日常照顾、康复护理、家电维修、精神慰藉、法律维权和休闲娱乐等综合性的服务项目，建立信息化、智能化和多层次的居家养老服务体系，构建一个没有围墙的养老院。鼓励养老服务机构利用智能腕带、智能药盒、智能血糖仪及相关移动应用等智能化软硬件产品，提供老人出行定位、突发事故报警、健康实时监控和日常用药提醒等老人智能看护服务，提高机构养老服务水平。①

③ 有效地利用老年人的智慧资源。老年人的智慧资源是十分丰富的，包括经验和知识等，通过"平台"可将其有效地利用。国内第一个针对老年人情感交流和知识分享的平台——老友帮（www.rd1860.com）网站，在这个平台上，有微博、博客，可以写回忆录。实际上那些低龄的老年人，他们很多的经验和智慧，如果用得好的话，可以有效帮助解决我国即将出现的人力资源短缺问题。如果某个企业遇到一个技术疑难问题，企业可以把问题发到这个平台上。如一个化工企业有问题，而老王正好是化工方面一个具有组织能力的专家，他就可以通过老友帮这样的经验分享平台把全国的化工专家组织起来解决这个问题。这是一个理念的创新，借助这样的平台，这些老年人资源就能够得到很好的利用。②

（4）智慧养老院。通过智能机器人与服务平台给养老院老人提供更舒心、更便捷的养老服务，系统总体结构包括一网、一平台、三核心技术、六大应用系统：一网指物联网，在养老院中建立物联网基础设施，采集养老院的基本数据信息，如视频信息、温湿度信息、人员地理位置信息等，为信息系统的建设提供强大的基础数据支撑。一平台指养老院基础设施与服务的智慧化支撑平台，完成基于多设备接入的智能服务支撑平台，建设智慧养老院数据中心，提供智能养老服务。三大核心技术，即机器人自定位与地图创建技术、机器人视觉识别的智能人机交互技术和多网络、多设备智能融合接入技术。通过核心技术攻关，攻克智能机器人领域自定位导航与智能交互的技术瓶颈，整合养老院多智能设备资源，实现智慧养老院的智能服务功能。六大系统指机器人服务系统、环境监测系统、智能视频分析系统、网络展播系统、老人健康管理系统、老人定位与呼叫系统六大应用系统。

① 廖毅敏，秦业．互联网+健康养老：打造智慧化养老服务新模式［J］．世界电信，2015（8）：77.
② 左美云．智慧养老的内涵、模式与机遇［J］．中国公共安全，2014（10）：50.

智慧养老院中的关键技术是助老服务机器人。机器人具有自主定位、导航、自主避障、物体识别、门开关判定、血氧脉搏检测、语音合成、发音表达清晰等方面的能力。助老服务机器人具备四个方面的功能：一是家居助手功能。智能机器人作为家电控制的助手，能有效帮助老人完成对家电等的控制，同时还省去了老人寻找众多家电遥控器的烦恼。老人通过语音、图片识别和界面按钮三种方式控制机器人依次完成对智能家居设备的开启或关闭。二是吃药提醒功能。对于定期服用不同药物的老人，吃错药和忘记定时吃药是两个比较突出的问题。智能机器人可协助老人解决这些问题。机器人可提醒老人吃药，并确保老人吃药安全。三是定时健康检查功能。机器人可以提醒老人体检和正常的例行身体检查。四是物品小管家功能。机器人可以帮助老年人解决找不到物品的苦恼。①

基于物联网技术，可使养老院中不同网络互联，不同设备接入，在机器人系统的帮助下，实现老人的实时位置定位、信息呼叫、家人互动、老人健康状态监控、网络服务等智能化一体服务，这是打造智慧养老院的关键所在。

4.国外智慧养老的发展

（1）美国智慧养老的发展。美国经济发达，其人口老龄化程度不算很严重。即便如此，预计到2030年，美国65岁以上的老年人将超过总人口的20%。针对美国人口居住分散的特点，从1999年开始，美国各大城市陆续建立了老年人医疗服务车队（移动医联网），为有需求的居家老年人提供中巴车上门医疗服务、家政服务等多种业务。它采用市场化运作和专业化经营管理，老年人可以共享服务资源，降低养老服务费用。目前已经覆盖美国50个州。

美国积极将电子信息技术应用在养老服务上。美国医院为老年人建立了初级电子健康档案并发展远程医疗。技术部门还为老年网友开发了能运行在智能手机、电脑或视频通信设备上的智慧养老应用程序软件。美国还积极关注老年人的居住安全，如安装移动个人应急响应装置、居家智能监控设备、跌倒警报装置、可穿戴医疗保健设备等。

（2）英国智慧养老的发展。英国是最早提出“智慧养老”概念的国家。英国认为社区养老是最适合国情的养老模式。老年人以社区养老为主，包括老年公寓、日间照顾中心、老年活动中心、护理机构等。英国志愿者参与社区养老事业的热情很高。他们在社区内建立智慧养老服务中心，以提供给老年人多样、快捷的养老服务。英国智慧养老的目标是通过应用互联网、可穿戴等信息化和智能化手段，提高医护服务水平和效率，帮助老年人保持生活独立性。主要的技术手段包括数字医

① 孙奕敏，王玙璠，艾浩军．基于助老服务机器人的智慧养老院系统研究［J］．科技视界，2015（16）：27.

疗、远程医疗和移动医疗三种方式。数字医疗是建立老年人详细的健康电子档案，允许医护人员和老年人在线访问。远程医疗是为老年人提供智能化设备，监测老年人的身体健康状态。移动医疗是通过使用移动通信技术提供医疗健康信息和服务，通过灵活的在线方式为注重隐私的患者提供医疗救助。

（3）德国智慧养老的发展。德国是目前欧洲老龄化程度最高的国家之一，60岁以上老年人占23%。德国老年人养老不靠子女，主要依靠自己以及国家和社会的扶持。为了应对人手不足问题，德国积极发展智慧养老。2007年，德国成立了环境辅助生活系统AAL的研究计划，即通过一个可扩展的智能技术平台，将各种智能化仪器连接到这个平台上，使其能对老年人的身体状态和居住环境进行分析，并做出及时反应。AAL系统适用于养老院、社区和家庭任意环境。通过AAL系统，房间内的大部分设施都可遥控完成，如床铺不但可以自动升降，还可以监测到老人是否躺在床上，以防跌下床铺现象的出现等。各种传感器还将老人的日常情况传输到信息中心，进行综合分析。家属和护理人员可通过App实时查询老人的健康状况。该计划的实施不仅能减轻国家的财政负担和养老院的成本，也能更加方便老人的生活。同时，德国也在积极推进护理机器人的研发。

（4）日本智慧养老的发展。日本是全球老龄化程度最高的国家。为了应对人口老龄化问题，日本高度重视智慧养老，将智慧养老作为一个经济产业来发展。日本在老年人的医疗、护理以及智能养老产品等领域挖掘市场，创造就业机会。日本智能建筑强调以人为本。室内和室外的感应装置能将各种环境信息发送给控制系统，系统自动调节门窗、空调、灯光甚至电视的开关，为老年人营造舒适方便的生活环境。日本开发了许多针对老年人的智能科技产品，比如能够监控老年人睡眠质量的智能床垫、老年人专用的智能手机、智能家居系统、护理机器人、老年人智能玩具等。日本政府和企业合作研究和发展机器人技术，并利用其在机器人技术上的优势，研发了护理型机器人和生活辅助型机器人。预计未来，机器人还能智能识别老年人的生活状况，诊断和监控老年人的身体健康情况。

（5）新加坡智慧养老的发展。新加坡是人口老龄化最快的国家之一。到2030年，65岁以上的老人将占23%。自20世纪90年代起，新加坡政府就着手从养老金、医疗、护理、就业、子女、城市规划、基础设施等多个方面建立社会养老服务体系，使新加坡成为最适合老年人居住的国家之一。一方面，新加坡提出了建立无缝整合IT、网络和数据的“智慧国”计划。在养老服务上，该计划提出要让老年人利用科技实现原地养老、智慧养老的服务。新加坡建屋局测试开发“居家老人智慧警报系统”。该系统可以监测老年人的生活，在老年人发生意外时能够通知看护者。另一方面，新加坡政府塑造适宜老年人居住的环境。乐龄公寓是新加坡主推的居家养老模式，是新加坡养老制度的核心体现。例如2017年建成的“海军部村庄”，是集住房、医疗机构、日间护理中心、幼儿园和零售业等设施于一体的老年社区。祖父母能和已成家的子女毗邻而住。社区内的组屋采用模式化的通用设计和装修，充分考虑了老年人居住的舒适性和安全性。每套组屋内都配备电磁炉、防滑地砖、扶手、伸缩式晾衣架、紧急呼救系统等设施。客厅和卫生间靠墙位置还专为老人设置了紧急拉绳，拉动绳子后，呼救信息就会显示在每层楼的电子显示板上，不论是白天还是晚上，乐龄中心的工作人员都会及时前来处理。①

5.推进智慧养老创新发展的举措

智慧养老的提出，是基于甄别、满足老年需求，识别、化解老年风险，满足老年人养老服务需求的现实目标而出现的。它将智慧城市延伸至智慧养老，是发展创新老龄产业的必然趋势。发展智慧养老，推进老龄产业水平提升应从以下方面着手：

（1）构建制度体系，加强政府扶持。政府应高度重视智慧养老制度体系建设，推进顶层设计，制定智慧养老的行业标准，建立与之相配套的法律保障机制、服务监督和评估机制。制度化的养老服务标准可分为技术设施和养老服务两个方面。信息技术的基础设施是智慧养老的物质基础，对智慧养老起到支柱作用，养老服务质量是智慧养老的重要体现，智慧养老的最终目标在于老年人享受到利用信息技术实现的智能化的高品质养老服务。在设施建设方面，政府应制定基础设施建设的指导性意见，避免各自为战导致资源浪费。对于养老服务的制度建设，重在统一养老服务标准，为智慧养老的各个环节提供规范的、可量化的标准。政府还应出台相关财政、税收等方面的扶持政策，积极鼓励、引导社会资源进入智慧养老产业。建立、健全智慧养老产业的监督和评估机制，保障智慧养老产业的健康发展。②为了更好地扶持智慧养老产业，政府可从科技层面列出专项资金扶持智慧养老技术研发，对终端感知、数据分析、助老行为等多层次技术进行深入研究，采用前补助模式集中资源从科技层面上提升智慧养老。在产业方面提供示范补助，重点采取后补助模式帮助实现产业规模化应用。针对养老服务企业，可按照现代服务业享受相关政策。③政府还应监督和指导社区或机构的平台运行状况，检验智慧养老服务的质量，促进老年人权益和福利的扩大，为老年人提供有效的、经济的、高质量的公共服务。

（2）民间资本投入，社会力量参与。政府还应鼓励和引导社会资本投入智慧养老服务的运营，扶持致力于从事养老服务的民营企业。通过低价使用、税收优惠、

① 徐凤亮，王梦媛．国内外智慧养老比较与发展趋势的研究［J］．劳动保障世界，2019（9）：17-18.
② 贾伟，王思惠，刘力然．我国智慧养老的运行困境与解决对策［J］．中国信息界，2014（11）：59.
③ 沈嘉璐．福州市智慧养老服务体系研究［J］．学术研究，2015（3）：131.

以奖代补等多种方式，鼓励社会资本投入智慧养老中去。对已经开展养老服务的企业，应通过保障土地供应、完善就业机制、增派人手进行平台教学等，帮扶智慧养老服务的顺利开展。云计算中心的建立对使用智慧养老技术的民办养老机构走智慧化、连锁化、标准化运营模式具有重要意义。[①]政府应为社会力量参与提供良好的政策环境，比如在企业注册、创新研发、产品认证、销售、税收等环节给予一定的政策便利，积极鼓励、引导社会资源进入智慧养老产业，投身智能居家养老领域；也可借鉴我国香港地区、日本对提供居家养老服务的非营利组织实行免税政策的做法，培育竞争性的社会力量参与居家养老服务，通过市场的价格机制推动服务质量提高。[②]

（3）应用信息大数据，合理配置资源。通过智慧养老平台将大量的老年人及相关各项要素的信息收集在一起，将这些海量的、分散的、零碎的信息存储形成一个系统化的数据库，深度挖掘这些数据信息，为智慧养老提供更可靠的解决方案，主动为老年人提供服务。从数据收集、存储、分析到应用，形成智慧养老的大数据生态链，对于智慧养老的发展有着巨大的经济效益和社会价值。例如，信息平台对老年人的身体健康进行实时监控，如果发现老年人的健康信息数据异常，则可以直接联系对接的医疗机构，医疗机构派出医务人员上门对老年人进行健康护理，在紧急情况下，高效及时地救助可以挽救生命。整合政府、社会等多方面养老资源，合理配置，为老年人提供高效便捷的服务。养老信息大数据的深度挖掘可以为智慧养老产业的需求和服务指引明确方向，当社会资本涌入时可以准确地抓住切入点，在智慧养老领域有所作为，从而推动整个养老行业的发展。[③]

（4）加强信息化产品开发，消除“银色数字鸿沟”。智慧养老的实质是利用信息技术促进养老服务模式的转型升级。基于老年人的认知特点，相关科技企业在开发智慧养老的信息通信产品时应该对老年人的技术接受度多加考虑，要不断研究老年人群的需求特征，开发更符合老年人使用习惯、贴近老年人日常生活的智慧养老新设备。政府可搭建智慧养老领域的创新研发、展示推广、产品交易平台，为智慧养老领域的相关企业提供一个公平、公开的，集研发、展示、交易于一体的平台，提升智能养老产品、智慧养老系统等领域的创新研发能力，为智慧养老提供坚实的技术支撑。[④]多数老年人对信息化应用存在顾虑，这就是所谓的“银色数字鸿沟”，相关组织在加强信息化基础建设的同时，要注意开展面向老年人的信息技术教育，这是跨越“银色数字鸿沟”的根本途径，是促进智慧养老发展的重要手段。将信息技术教育作为智慧养老的一个环节，政府引导成立专门的老年人信息技术培训班，

---

① 沈嘉璐. 福州市智慧养老服务体系研究［J］. 学术研究，2015（3）：132.
② 李晓文. 需求视角下智慧养老服务体系构建策略探究［J］. 宁波经济（三江论坛），2015（8）：46.
③ 贾伟，王思惠，刘力然. 我国智慧养老的运行困境与解决对策［J］. 中国信息界，2014（11）：60.
④ 李晓文. 需求视角下智慧养老服务体系构建策略探究［J］. 宁波经济（三江论坛），2015（8）：46.

或者由市场主导成立专门的老年人信息技术教育学校。根据老年人需求确定信息技术教育的目标，并且依据老年人的认知特点确定老年人的学习模式，使老年人能够真正地掌握信息技术，具备使用互联网的基本能力，在学习、使用中提高利用信息技术的能力。相关企业也要开发出更多适应老年人生活特点和使用习惯的便捷化的智慧养老产品，方便老年人使用，提高设备的利用率和普及率，助力智慧养老。[①]还可通过街道、社区放置宣传册、张贴海报、开展各类公益活动进行宣传，提高老年人群的智慧养老认知，更新养老观念。同时，一定要注意保护老年人的隐私，要征得老人或者子女同意方可进行。

智慧养老是对传统养老模式的补充与更新，也是发展居家养老、社区养老、机构养老，建立和完善养老服务体系的一项重要内容，在推进养老服务社会化的过程中，大力推进智慧养老，是构建中国特色养老服务体系的重要内容。随着我国社会人口老龄化的进一步加剧，智慧养老在养老产业发展中也将发挥越来越重要的作用。

6.智慧养老发展的趋势展望

随着健康养老产业的发展，以及养老居住模式的变革，养老机构也逐渐从福利性质向居住生活性质转变。根据我国养老产业发展现状，未来我国健康养老产业发展将呈现以下发展趋势：

（1）智能化水平快速提高。在智慧健康养老的大背景下，远程医疗照护、在线监测、人工智能、数据共享等系统智能化手段，便携式、可穿戴、自助式、高灵敏度等装备智能化手段，人工记忆和提醒、简单便捷、人性化、可定制的服务智能化手段，及时性、全面性、集成化、可预测等管理智能化手段将成为未来养老产业发展方向。通过无线定位、监测、防走失、视频智能、门禁系统、移动定位等手段，以及后续的VR虚拟现实技术、智能手环、健康监测设备、智能管家等设备，结合第三方服务，建立综合性“互联网+”养老服务体系。通过应用“互联网+”技术，将云计算、物联网等技术与智能硬件设备相结合，将采集的数据传至大数据中心，进行整合、分析，打造云服务，为老年人及其家庭提供居家健康养老环境监测、远程看护、亲情关怀、互联网健康咨询，建立“互联网+”健康养老服务，并通过持续运营最终实现与医疗、生活、商业、保险、通信、科技等各个行业领域实现动态互增长，打造一个“互联网+”养老生态圈，引领智慧健康养老新模式。当前，国内部分高端养老机构已经开始布局智能化系统，健康养老正往信息化、智能化、高效、节能方向不断发展。

（2）完善标准体系，建立检测评估机制。近年来，国家、行业及地方相继发布

① 贾伟，王思惠，刘力然．我国智慧养老的运行困境与解决对策［J］．中国信息界，2014（11）：60．

70多部相关标准，各省先后发布健康养老服务相关评价标准。但仍存在养老服务设计与老人特点需求脱节，市场管理缺乏规范等问题，这成为当前智能系统与装备进入养老领域的瓶颈。为促进政策落地实施、规范健康养老市场健康快速发展，帮助智慧健康养老破局，亟须建立统一规范的智慧健康养老标准与制度框架，形成健康养老环境监测系统、远程看护系统、亲情关怀系统、互联网健康咨询系统、基于互联网平台生活照护系统以及智能健康养老装备、网络及数据中心等相关检测、鉴定、评估机制。健康养老服务标准是健康养老产业取得长足发展的关键，也是规范养老服务市场的重点所在。健康养老产业的检测评估和质量监督是提高养老服务质量和效率，持续改进养老服务的重要手段。

（3）居家养老仍将是主要的养老方式。我国几千年的传统观念以及老年人对家庭亲情和环境的眷恋，使得绝大多数老人倾向于居家养老。2000年发布的《中共中央国务院关于加强老龄工作的决定》，作为国内首个全面应对人口老龄化的指导意见，也明确提出“建立家庭养老为基础、社会服务为依托、社会养老为补充的养老机制”的具体目标。智慧家庭必将是未来的发展趋势，通过将家庭内部的信息化融入整个社会的信息化，建立居家健康养老环境监测、远程看护、亲情关怀、互联网健康咨询、基于互联网平台的生活照护等智能系统，利用信息技术提升居家养老服务效率和水平。

（4）社区养老服务方式的地位和作用日益显现。由于我国老年人绝大多数选择居家养老，同时家庭结构的小型化和空巢家庭越来越多，导致家庭养老功能的日益弱化，势必增加老年人对社区养老服务方式的需求，并且老年人对社区养老服务需求也逐步细化，对服务水平的要求也越来越高。

（5）机构养老服务方式快速发展。目前全国养老院拥有的总床位数仅占老年人口总数的1%，与发达国家5%~7%的比例差距很大。同时我国老年人口增速超过3%，加上家庭结构、代际关系、伦理观念等带来的家庭养老功能的逐步弱化，社会对机构养老的需求势必越来越大。综合利用无线定位、监测、防走失、视频智能、门禁系统、移动定位等智能化手段提升机构养老服务水平，必将成为机构养老的未来趋势。

智慧健康养老产业是具有巨大发展潜力的朝阳产业，但目前国内尚未形成规模，主要局限在智能穿戴设备、智能家居和智慧医疗领域相关产品上，与物联网、信息安全等技术的结合尚处于萌芽期，甚至在某些技术领域仍相对空白。各级政府部门密集出台相关政策文件，推动健康养老产业依靠互联网、物联网、大数据、云计算、AI等创新技术，实现远程、智慧、在线方式的养老照护与服务，加快提升养老行业智慧化水平，完善健康养老服务标准体系，建立检测评估体系，以及老龄社会体系的顶层设计和统筹规划，加快养老智能化建设进程，提升养老服务水平及智能化程度，促进智慧健康养老产业快速稳健发展。[①]

四、老幼共处模式

养老问题是一个关乎千家万户的大问题，各级政府正积极寻找方案来加以解决，尝试实行“老幼共处”新型养老模式，即将养老机构与幼儿园建在一起或比邻而建，让老人与孩子和睦相处，使老年人的晚年生活充满了孩子们的欢声笑语，让最需要陪伴的两代人互相陪伴，减轻中年人的压力，这是一次大胆尝试与创新，是让有限的养老资源得以有效利用，解决我国日益严峻的养老问题的一剂良药。2019年3月《国务院办公厅关于推进养老服务发展的意见》（国办发〔2019〕5号）发布，提出“大力推动养老服务供给结构不断优化……确保到2022年在保障人人享有基本养老服务的基础上，有效满足老年人多样化、多层次养老服务需求，老年人及其子女获得感、幸福感、安全感显著提高”的推进养老服务发展的目标。无疑，实行“老幼共处”新型养老模式是养老服务供给结构不断优化的一项重要举措。

1.“老幼共处”新型养老模式的优势

“老幼共处”新型养老模式的出现是社会发展到当今阶段的必然产物。社会经济的高速发展，使家庭形态发生了深刻的变化，传统的大家族式的家庭生活消失了，代之以三口之家为主的家庭形态，出现了许多空巢独居的老人，这造成家庭内部儿童与祖父母、外祖父母见面的机会减少了，出现老人与儿童世代间的隔阂。在家庭外部，随着人口流动性的增加、网络虚拟人际关系的兴起以及居住的地域关联性的丧失，老人尤其是空巢独居的老人与社会接触、与他人交往的机会大为减少，社区内孩子与老人接触的机会就更少之又少了。这是一个人们必须面对的新的社会问题，对此问题的反思促使人们创造更多的机会，让老人与儿童经常性地接触，于是将幼儿园与养老院融合在一起、共同设置的想法就自然产生了，“老幼共处”的养老模式也应运而生。作为一种新型养老模式，它具有以下优势：

（1）教育孩子们从小尊老敬老。“老幼共处”新型养老模式有利于弘扬尊老敬老这一中华民族的优秀传统美德。在“老幼共处”复合型机构中，每天一定时间内孩子都能走进老人，与老人近距离接触，孩子们向老人主动问好，与老人一起活动、一起游戏、相互交流、共同用餐等，这些老人并非孩子们的爷爷奶奶或者姥姥姥爷，在老师的积极引导下，孩子在与老人的相处中，感受老人、了解老

① 李晨，王娟娟，翟传明，等．智慧养老产业发展现状及未来趋势［J］．智慧建筑与智慧城市，2020（1）：84-87.

人、理解老人，从小接受尊老敬老文化的熏陶，使自己成为弘扬传统美德的好孩子。

（2）培养孩子们的社会适应力。在“老幼共处”机构中，健康的老人担负起更多儿童看护与教育工作，如老人教孩子传统手工制作，为孩子讲故事，结合自身经历，向孩子讲述过去生活的艰辛与不易等，孩子们从与老人的相处中了解生活知识，接受传统文化的熏陶，深刻感受到老人的优良品德并获得教益，增强了孩子的社会适应力。有家长反映，老幼复合机构的孩子在社区见到其他老人能主动打招呼、问好，在公交车上能主动为老人让座，比同龄人更能亲近老人。老人们也从中感受到了自身的价值，增加了自我认同。[①]国外这类机构中，甚至还有孩子长大离开机构后，仍与原机构中的老人保持长期交往的事例。

（3）给老人带来生活的乐趣。喜欢孩子是老人的天性。在“老幼共处”机构中，老人们可以与孩子们频繁接触，一起做各类有意义的活动，甚至看着他们玩耍、游戏、蹦蹦跳跳都倍感高兴，在老幼之间模拟出家庭的氛围，营造出浓浓的“祖孙乐”情境。在对下一代的教育和看护中，老人们枯燥乏味的生活变得越来越充满乐趣，养老院的生活变得丰富而充实，老人精神上不再感到空虚和寂寞，身心更加健康，对生活也充满了希望和期许，仿佛与孩子在一起自己也变得年轻了，不再老气横秋。正如一位老人所说：“因为这里有孩子们，所以就有了家的感觉，跟孩子们在一起，我真的感觉返老还童了。”

（4）使养老院充满生机和活力。人们普遍对养老院存在着刻板印象，认为养老院死气沉沉，了无生气。生活在其中的老年人，即使享受着“五星级”服务，往往也会感到缺乏活力，缺乏朝气。“老幼共处”机构让幼儿园置身养老院，那些活泼可爱、天真烂漫、拥有美好未来的儿童，却是老人摆脱孤寂无助、抑郁沉闷、烦躁不安等不良情绪的一剂良药。机构中因为有了孩子，就充满了生机和活力，老人也显现出良好的精神状态，对养老院的生活增强了认同感和认可度。有的原本性格内向、不善与人沟通的老人，通过与孩子的相处，重新绽放笑颜；有的身体机能低下的老人，身体机能甚至得到了一定程度的恢复。

2.“老幼共处”新型养老模式实施的障碍

在我国“老幼共处”复合型养老机构还不多见，“老幼共处”养老模式作为一种新型养老模式，其实施和推行还存在一些障碍，亟待突破。

（1）来自孩子家长的障碍。

一是家长担心孩子受到不良影响。有的老人不愿意接受新事物，思想陈旧落

---

① 梁少英，余王莉，林雨婷，等. 宁波市老幼结合新型养老模式的现况调查［J］. 卫生职业教育，2017（4）：109-111.

伍，其拥有的所谓经验已经过时，甚至是错误的；有的老人文化水平低，头脑中充满了封建迷信等陈腐错误的思想；还有的老人有说话粗俗、随地吐痰、乱丢垃圾等不良的行为习惯。由于孩子年龄小，模仿力强，极易受外界和他人的影响，所以家长担心，老人在与孩子的接触中，有意无意地会给孩子灌输陈旧、错误的思想，阻碍孩子接受新思想、新观念，进而影响孩子创造精神、创新意识的培养。老人的不良行为习惯也会给孩子带来反面示范效应，不经意间孩子记在心里，极易模仿施行，从而对孩子造成不利影响。

二是怕老人对孩子过度溺爱。有的老人育儿观念不正确，喜欢包办孩子的一切，造成三四岁的孩子连吃饭、穿衣、系鞋带、扣纽扣等基本的事情都不能独立完成。家长担心如果养老院与幼儿园建在一起，老人可能对孩子溺爱，孩子日常生活中本该自己学会做的许多事情，老人越俎代庖，造成孩子生活能力下降，产生对他人的过多依赖，这不利于孩子的健康成长，也不利于其社会适应能力的提升。

三是担心孩子感染疾病。老年人随着年龄的增长，新陈代谢缓慢，器官会发生退行性改变，生理机能不断下降，免疫力降低，感染病菌、得病的机会随之增强。而幼儿园的孩子疾病抵抗力同样较底，随着与老人接触时间的延长，孩子极易受病菌、病毒感染，生病概率随之提高。

四是怕孩子幼小心灵遭受打击。人是“感情动物”，在“老幼共处”机构中，孩子与老人接触增多，会对老人产生感情，但是如果老人突然故去，就会使孩子幼小的心灵遭受打击。心理尚未成熟的孩子，不得不面对残酷的别离，这令家长于心不忍。

（2）来自机构的障碍。

一是担心孩子和老人的安全问题。老人和孩子都属于社会弱势群体，自理能力低，需要被照顾和看护。随着年龄的增长，老人出现视听觉障碍、吞咽功能衰退、骨质疏松等情况的概率提高，容易遭受跌倒、骨折、噎食等危险；孩子天性活泼好动，极易发生磕碰，加之其吞咽功能也不够完善，也存在噎食的风险。一旦老人与孩子在一起发生安全问题，极易引起家属的不满，造成民事纠纷，甚至诉诸法庭，会影响到机构的正常运营。

二是机构的管理难度叠加。让养老机构改变传统的养老模式是一件比较困难的事情，加之在我国现行管理体制下，养老院归民政部门管理，幼儿园归教育部门管理，施行“老幼共处”的养老模式，养老机构日常管理、幼儿园日常管理中出现的问题本来就不少，如果将二者结合起来，两个群体生活在一起，人力、物力、财力的投入将大幅增加，工作人员工作量陡增，管理和协调的难度也相应加大，还会产生新的管理难题，如要协调一起活动、一起游戏的时间都比较困难，因而不可避免地产生机构管理难度的叠加。

三是对机构人员素养要求甚高。在“老幼共处”机构中，老人与孩子间能够交流，靠的是机构工作人员的组织、协调和维系，他们是处于老人和孩子之间的中间年龄层人员，他们对老人和小孩所有交流活动进行有效督导和艰辛付出，才能换来老、中、小三代的和谐相处。工作人员在其中的作用发挥至为关键，因此他们需要面对诸多挑战，对他们的知识、能力、素养的要求就更高了，不但要对老人和孩子的身心特征、活动特点充分了解，还要对设施的高效运作、交流活动的顺利实施等充分把握和驾驭。除了工作负担大大加重之外，老人、孩子的安全问题等也带来额外的心理负担，个别个性较强的老人或孩子抗拒交流活动的行为出现，也会带来管理上的困扰。

（3）来自社会的支持不够。

一是就资源投入而言，伴随着用地紧张与设施改造难度大等问题，老幼复合型机构的兴建和基础设施的完善还有待加强；此外，老幼复合型机构养老还缺少国家在政策、资金等方面的支持。现阶段，我国的养老政策多集中于加强物质保障，缺少促进老年人精神健康的社会政策，没有针对老幼复合型机构养老的政策支持，也缺少对儿童照料的相关保障政策。加之老幼复合型机构建设投资大、回报周期长、回报率不高，使其建设引入社会资本十分困难。[①]二是社会对老幼复合型机构养老的认可和支持不够。人们对老幼复合型机构养老的了解程度较低，来自幼儿家长和机构本身的顾虑和疑问，使社会整体舆论对这一新的机构养老方式缺乏认可，对其赞同、支持不够，宣传、推介不够。

3.“老幼共处”新型养老模式的发展对策

第一，政府部门积极予以鼓励和支持。加快推进“老幼共处”新型养老模式离不开政府的鼓励和支持。一是政府要制定相关法律、法规，加强我国社会养老保障制度和体系建设。二是要协调好民政部门和教育部门，对“老幼共处”复合型机构的开办和运行予以支持，给予优惠和补贴，或为其建设提供必要的土地资源。三是要加大宣传工作力度，政府发挥积极引导作用，大力提倡敬老爱幼，让更多的人关注和接纳这一新型养老模式，让社会各界支持其发展。四是要严格监管，无论老人还是孩子，都是权益易受侵犯的弱势群体，所以政府部门应加强监管和执法力度，对于做得不好的机构要敢于亮剑，责令其整改，确保“老幼共处”机构的规范运作。五是构建养老机构、幼儿园奖励机制，政府部门要对做得好的养老机构和幼儿园进行褒扬和激励，给予其物质和精神上的鼓励。

---

① 张金峰，朱婉君．新时代背景下构建社区老幼结合服务途径研究［J］．劳动保障世界，2019（6）：57.

第二，强化新型养老模式的自身建设。强化新型养老模式的自身建设是推动“老幼共处”新兴养老模式发展的关键一环。

（1）重视选址问题。在对“老幼共处”机构的特殊性有充分把握的基础上，做好选址工作尤其重要，要选择一个既能方便孩子每天上学和放学，又有利于老人颐养天年的好地方。“老幼共处”机构选址得当，将给老人和孩子带来积极的影响，社会大众对其支持度和认可度也会相应提高，为这一模式的进一步推广和发展奠定坚实的基础。

（2）重视法律政策问题。面对老人和孩子这对弱势群体，使他们的权益得到保障至关重要，因此要确保“老幼共处”机构在法律的基础上建成，严格按照养老院和幼儿园的建筑规格和标准来进行新建或改建，切实做到建筑安全，使老人、孩子以及机构人员的生命安全得到保障。[①]

（3）强化内部规章制度建设。实行“老幼共处”的养老模式，要从“老”“幼”的特点出发，从机构自身的实际情况出发，制定医疗、照护、食品、卫生、消防、保育等规范化标准，健全机构的内部管理制度，规范各项工作流程，建立管理和服务质量评估机制，实施科学、规范、高效的专业化管理。“老幼共处”机构要突出民主化管理，建立畅通的信息沟通渠道，要倾听老人、老人家属以及孩子家长的意见、要求和建议，定期了解老人和孩子的需求，为老人和孩子提供贴心服务。机构还要高度重视安全和卫生等问题，排除火灾隐患，杜绝疾病传染，防范人身伤害，就此应制定工作预案、应急处置方案和相关工作制度，同时按规定比例配备医生、护士、心理咨询师、社会工作者等，以便对老人和孩子产生的身心健康问题及时予以有效解决。

（4）重视“老幼共处”机构的空间设置。机构的空间是老人和孩子日常生活的场所，是机构工作人员开展工作的平台。为了消除家长对机构的种种不安，同时方便机构的管理和运营，“老幼共处”机构必须从老人、孩子和工作人员的需求出发，综合考虑，精心设置，合理布局。

① 采用恰当的空间复合形式。从国内外的情况来看，大多数“老幼共处”机构都是改建、加建或者扩建而并非新建，建筑上迁就现有状况的现象比较突出。其空间复合形式大致可以分为四类：一是并列式。这是比较常见的复合形式，即养老机构和幼儿园各自独立运营，各有自身的功能空间和独立的出入口，但有公共活动区域，可以方便老幼共享。二是层叠式。机构在独栋建筑中，纵向堆叠在一起，如一层为幼儿园，上面几层为养老院，功能空间相对独立，通过竖向交通互相走访，其最大的优点是节约用地，所以一般在市中心地带多采用此种形式。三是一体式。这是相对小型的“老幼共处”机构采用的家庭化的空间布局，老人与儿童生活在一

① 张诗佳，樊鑫波．对老幼复合型设施的推广与管理［J］．南方企业家，2018（4）：211.

起，并由相应的工作人员看护，两种功能空间交叉在一起，不对使用者再作明确区分。四是独栋式。这类“老幼共处”机构居于同一场地，但分布于不同的建筑物内，在各自独立的内部空间中，老人和孩子分别生活，双方可以定期在室外的中庭空间开展互动交流。

② 设置公共活动与交流空间。为在加强和促进老幼沟通交流的同时，兼顾机构管理上的便利，应突出公共交流与活动空间的设计，可设置公用的餐厅、活动室以及室外运动场所等。在运营上要多做协调，管理职责要划分明晰，制定明确的管理制度和规范，设置固定的活动时间，促进老幼形成交往习惯，提高交流效果。

③ 在空间设计上促进自然交流。公共空间的设置目的是引发老年人和孩子自发式的交流，而不是刻意地组织共同活动，这种交流富有层次感，也更自然，工作人员不需要过多地进行干预，这是最为理想的交流模式。为了促进老幼的自然交流，应重视机构内空间交界处的形式、室内空间视线沟通的实现方式、公共交通空间位置的设定以及其中的家具摆放等来促进自然交流。在养老院和幼儿园的临界处可设置便于儿童透视的低矮护栏，或者设置格栅、玻璃门等较为通透的隔断，这对鼓励相互交流大有益处；若老人在康复健身室能看到幼儿园游戏室做游戏的孩子，或者在餐厅内能看到庭院中嬉戏的孩子，则能加深相互的间接交流，给老人增添生活乐趣；也可通过就近设置养老机构和幼儿园的出入口，或者合并设置部分公共走廊，在日常生活中，老人和孩子一次次地擦肩而过，一方会自然而然地留意另一方，从而萌生相互间进一步交流的愿望；据调查，绝大多数特定老人和孩子间的深入交流是建立在一对一的关系上，因此，公共空间不需一味地营造适合大团体活动的空间，设置小型的半私密型公共空间，并在其中布置少数人使用的家具，也是建立老幼亲密关系的好办法。①

（5）加强对孩子和老人的教育。为了保证“老幼共处”复合型机构的安全有效运行，机构工作人员一定要加强对孩子和老人的教育。

① 加强孩子的尊老教育，并让其增强自我保护意识，学会自我保护。老人在“老幼共处”机构中享受“天伦之乐”，他们对孩子像自己的亲孙子、亲孙女般地疼爱有加，但是也不能忽视防备所谓“变老的坏人”，他们会给孩子带来较大的伤害。机构要对这样的老人重点关注。孩子一方面要养成尊老敬老的优良品德，在老人需要帮助时，主动提供力所能及的帮助，要积极与老人一起进行户外游戏，让老人消除精神空虚，减少孤独感，使双方的身体都得到一定的锻炼；另一方面，老师也要教育孩子加强自我保护，如果受到伤害，要敢于说“不”，并在第一时间告知老师

① 司马蕾．老幼复合型社区养老机构的构想与实践——日本的经验与启示［J］．城市建筑，2015（1）：18-20.

与父母。

② 加强针对老人的卫生和安全教育。因为老人非常喜欢孩子，有的老人喜欢拿出自认为好吃的东西给孩子吃，这会增加过敏体质孩子的风险。老人与孩子玩耍时，也可能发生伤筋动骨的现象。为了避免类似情况的发生，减少伤害，要加强对老人的教育，提高他们的卫生和安全意识。如果老人因身体状况需要静养，老师要告知孩子，要安静不要吵闹，确保不影响老人休息，及时化解老人和孩子之间可能产生的矛盾。

（6）建立褒扬激励机制。为了适应“老幼共处”复合型机构的服务和管理工作，应着力建设褒扬激励机制，大力营造为老服务光荣的意识，对其中的佼佼者予以褒奖，提高机构工作人员的荣誉感、成就感和获得感。一是积极完善现有社会保障制度，出台相关优惠政策，针对工作人员的实际困难制定相关政策，为其解决落户、住房、子女教育等问题，以稳定养老服务人才队伍。二是针对老幼复合型机构高风险的特点，积极推广和实施意外伤害保险，解决工作人员的后顾之忧，分散实际工作中的风险。三是定期开展工作人员关爱活动，强化对工作人员先进事迹与奉献精神的社会宣传，树立和表彰先进典型，充分营造机构养老服务工作和幼儿教育工作光荣的社会氛围，提高工作人员的社会地位。

（7）提高机构工作人员的素质。为了适应“老幼共处”机构的服务和管理工作，应着力提高工作人员的素质，使机构养老服务工作和幼儿教育工作持续健康地发展。[①]

① 提高工作人员的思想素质。工作人员要拥有良好的职业道德和端正的工作态度，做到尊老爱幼、以人为本；服务第一、爱岗敬业；遵章守法、自律奉献。

② 提高业务素质。业务素质是顺利开展工作的根本保证。它要求机构工作人员掌握专业知识和技能，并能理论联系实际，在工作中不断发现问题和解决问题，总结经验，以推动机构各项工作的开展，促进自身业务素质的提升。[②]

③ 增强法律意识。“人”的工作是世界上最复杂的工作，作为一名机构工作人员一定要学法、懂法、守法，才能更好地保护老人、儿童的根本权益，更好地维护这两个弱势群体的个人利益。

④ 强化创新意识。面对老人和孩子生活在一起的各种不适，管理者应组织员工积极应对，在思路上、工作方法上不断创新，寻找有效的解决方法和途径。[③]

---

① 张岩松，等. 老年服务与管理人才队伍建设的研究与实践［M］. 北京：清华大学出版社，2014：46.

② 张岩松，等. 养老服务业发展与个案研究［M］. 北京：清华大学出版社，2015：140.

③ 潘林，李泊宁，马跃. 大连市“老幼同乐”双托园运营模式可行性分析［J］. 时代经贸，2016（3）：36-38.

五、旅游养老模式

在老龄化背景下，旅游养老日益受到广大老年人的欢迎，也成为国内外旅游市场的热点之一。老年人有了更高的思想追求，不再把子孙后代当成自己唯一的精神寄托，愿意在不同的季节，到不同的地方，感受不同的风土人情，满足自己的美好生活愿景和更高的精神追求。老年人参与旅游养老既能健康养生，又能开拓视野。这种新型养老模式，实现了旅游与养老的完美结合。[①]

1."旅游养老"的内涵

旅游养老就是老人们根据季节的不同，像候鸟一样在不同地方之间迁徙，选择最适合自己的地方旅游和养老的行为。国内旅游养老一般称为"休闲养老""旅游养老""度假养老""候鸟养老"等。欧美文献中其常被视作一种短期的迁移（elderly temporary migration），更多时候是一种季节性迁移（elderly seasonal migration），其中退休人群部分的休闲养老又属于退休迁移（retirement migration）。日本、东南亚、中国台湾地区文献中休闲养老常被称作长宿休闲（long stay）。[②]

旅游养老现象最早始于国外，19世纪末，资本主义国家推出了支付退休金这一重要的社会福利政策。退休是引致旅游养老的重要生命历程事件，休闲和旅游成为老年人生活的重要组成部分[③]。旅游养老在西方被称为"老年季节性移居"，20世纪70年代末开始在欧洲广为流行。旅游养老在亚洲许多地区也得到发展，如马来西亚通过提出"马来西亚——我的第二故乡计划"（Malaysia——My Second Home Program）的政策，推出当地低廉的消费、多元化的亲身参与活动，作为吸引国外退休族的主打。[④]

西方学者通过研究发现，旅游养老与以往节奏快、费用高的传统旅游方式有五个方面的不同：一是旅游养老者在目的地选择上对目的地的气候、环境舒适程度考虑较多。二是旅游养老者在目的地停留的时间较长，短则十天半月，长则一年半载，具有度假旅游的一些特性，他们会以异地的住所为据点开展一些短途自助旅游；三是充分利用目的地的养老院、老年公寓或"农家乐"，有的住在自己的房车里，所以旅游花费相对较低；四是异地休闲养老者主要是低龄老人，身体条件和经济支付能力相对比较好；五是先前的旅游经历和旅游地形象对他们的决策有重要

① 侯思悦. 人口老龄化背景下旅游养老模式浅析［J］. 戏剧之家，2020（5）：230.
② 周刚，罗萍，李运娥，等. 旅游养老消费者行为模式研究［J］. 荆楚学刊，2016（12）：36-45.
③ 周刚. 养老旅游理论与实践研究［J］. 地域研究与开发，2018（2）：112-116.
④ 穆光宗. 关于"异地养老"的几点思考［J］. 中共浙江省委党校学报，2016（2）：19-24.

影响。[①]

旅游养老作为一种新型的养老方式，近年来发展越来越快，研究的文献数量也越来越多，但对于旅游养老的内涵有各种各样的理解，对比不同学者对于旅游养老的定义有利于更好地理解它的内涵。

学界针对旅游养老已有多种定义：李松柏认为，旅游养老是老年人为了寻找更舒适的养老环境离开他们的常住地，到其他地方休闲、度假、养生，连续时间不超过一年的活动。旅游养老在本质上属于老年度假旅游，它将旅游和养老活动有机地结合起来，既是一种新开发的专项旅游项目，又是一种新型的养老方式。[②]黄璜认为，旅游养老是老年人到其常住地之外旅行生活，连续停留时间在一个月至一年之间，旅行距离一般跨越省界甚至国界。它以提高生活质量为目的，以季节性、多居所、巡回式的生活方式为特征，既不同于短期观光旅游，也不同于长期性迁移，具有独特的发展规律。[③]周刚认为，旅游养老是老年人（通常为55周岁及以上年龄的人群）以异地养老形式发生的不以工作、定居和长期移民为目的的旅行、暂居和游览活动的总称，其把养老服务与旅游活动有机地结合在一起，它既是一种新型专项旅游产品，也是一种新型养老方式。[④]杨晓丽（2009）指出，旅游养老是一种刚起步的，将旅游资源和养老服务相结合，老年人根据不同的季节变化选择自身喜欢的养老场所的养老方式。杨婴（2018）将旅游养老定义为老年人以养老为宗旨，以生活质量提高为目的，离开其原来的长住地，在不超过一年的时间里跨越市、省甚至国界的一切现象和关系的总和。刘沧（2018）认为，旅游养老是指不以工作、定居、移民等为目的，连续一个月至一年的旅行和游览活动的总称。

综合起来，“旅游养老”的定义可以这样表述：老年人（由于年龄因素导致的以退休为标准）离开居住地，在异地连续停留时间在一年之内，把养老服务与旅游活动有机地结合在一起，旨在提高老人的身体素质和精神需求。[⑤]也可以说，旅游养老是一种充分调动国家和地区间的旅游资源，并结合当下老人的各种养老服务，使老人能够依据季节的变化，选择更适宜自身，连续时间在一个月至一年的精神赡养式的养老方式。[⑥]

旅游养老使老年人可以在一年四季交替中选择不同的地点实现养老。冬季，可选择南方养老，夏季可以到四季如春的地方避暑养老，旅游养老是丰富老年人的晚年生活、提高老年人的生活质量的一种方式。

① 李松柏．旅游养老给“农家乐”带来的机遇与挑战［J］．江苏论坛，2010（9）：118-119.
② 李松柏．我国旅游养老的现状、问题及对策研究［J］．特区经济，2007（7）：159-161.
③ 黄璜．国外养老旅游研究进展与我国借鉴［J］．旅游科学，2013（12）：13-24，38.
④ 周刚，罗萍，李运娥，等．旅游养老消费者行为模式研究［J］．荆楚学刊，2016（12）：36-45.
⑤ 赖一阳，曾瑞明．旅游养老：新时代养老方式革命的序幕［J］．中国集体经济，2018（28）：158-159.
⑥ 吴奕鹏，陆超超．浅谈旅游养老［J］．中国集体经济，2020（10）：118-119.

2.旅游养老的类型

（1）候鸟式养老。在旅游养老这一养老模式中，候鸟式养老是比较适合老年人的一种养老方式，就是在经济宽裕的情况下，可以去理想的城市购房或者到养老机构中养老，到南方过冬天，到北方避暑的候鸟式生活。由于老年人各项身体机能在逐渐衰退，身体出现的健康问题相对较多，因此很适合这种候鸟式的养老方式。这种方式减少了老年人因环境因素导致的疾病的产生，因此提高了老年人的舒适度和生活质量。

（2）出租房屋旅游养老。随着社会的快速发展，旅游养老这一养老模式出现，出租房屋式的旅游养老快速兴起。如今子女都在外地的空巢老人越来越多，当老人想去各地旅游时，他们便可将房子出租，由代管机构评估老人出租房屋的月租金，然后让老人在各地旅游时享有同等价位的养老服务。这种方式相当便利，老人无论去哪里旅游都不用担心吃住行问题，因为这些机构已经全部为其打理好。老人们只需要享受其为他们带来的便利即可。

（3）异地互动式旅游养老。异地互动式旅游养老是跨地域的旅游，就是将一个地区的老人送到他们心仪旅游地的养老院进行养老，同时也接受外地老人到本地区进行养老，进行两个地区的互动养老，加强交流，分享养老生活。这种互动式的旅游养老，适合那些选择到异地养老时间达3个月及以上的老人。①

3.旅游养老的意义

了解了旅游养老的内涵，不难发现其对于解决当下尚未解决的养老困难的重要意义，这对探索旅游养老的路径也起到了重要的作用。

养老一直是人们关注的重点，当下需要解决的是如何能够实现更符合老年人内心需求的养老模式。基于物质的传统居家养老根本无法解决新时代老人的养老需求。旅游养老更加体现了对老年人内心的尊重和关注，它将养老进一步细化，依据各自的兴趣爱好或以朋友间的拜访等为目的，将养老由单纯的物质化向着物质与精神共存的方向发展。②学者赖一阳、曾瑞明认为旅游养老有以下三方面的“革命意义”：

（1）被动养老转向积极养老。旅游养老的特点是旅游与养老相结合。旅游的特征决定了旅游的人群对于身体健康有一定的要求，体弱多病的人群不适合旅游。而老年人作为高龄群体，往往被贴上年老体弱的标签，与旅游的联系较少。而事实上，老人在退休后的10年甚至更长的一段时间，大都保持着健康的体魄，这也符合旅游对身体的客观要求。对刚进入老龄时光的老年人来说，在前期通过旅游进行

① 姚泊羽，邹亮．“旅游+养老”背景下旅顺口区旅游养老产品发展对策研究［J］．智库时代，2020（1）：152-153.

② 吴奕鹏，陆超超．浅谈旅游养老［J］．中国集体经济，2020（10）：118-119.

养老，对身心健康有不同程度的提高，针对未来长期的养老生活起到一个很好的铺垫作用，积极养老有助于延年益寿。而随着时间的流逝，老人由于年龄因素导致腿脚不便，只能进行静态养老。在后期的养老生活中，前期通过旅游养老积累的精神财富将在未来的养老生活中得到体现。所以，旅游养老的产生对未来追求精细化的养老生活来说，是一个开创新时代的产物。

（2）保守养老转向开放养老。养老观念的转变即从追求物质需求转向精神需求。旅游本身就是一项休闲活动，经济成本的消耗相对较大，但随着我国个人的经济收入不断提高，旅游养老的人数在不断增长，这种养老方式逐步在国内普及。不少老人已把养老追求从温饱转向精神方面，这也是我国未来的长期趋势。旅游养老的特点是在保证物质需求得到满足的情况下，去追求更多的精神需求。精神需求具体体现在心态及观念层面。通过旅游，培养老人老有所乐与积极乐观的态度，而内心正能量的建设有助于自我的身心健康以及家庭和睦，甚至对构建和谐社会也有良好的推动作用。它的存在既能提高老年人的生活质量，也能缓解家庭赡养老人的压力。

（3）粗放养老转向精细养老。构建多元化的养老方式将是我国未来养老的趋势。目前我国较多使用单一的养老方式进行养老。养老“一刀切”的做法在老龄化初期是一个正常现象，其原因是我国对于老龄化现象以及养老的认识程度不够。每种养老方式都有各自的特点和利弊，所以利用各种养老方式的长处，建立多元化养老的方式是未来养老的首选。具有间歇性特点的旅游养老完全符合多元化养老方式的构建。它不是一种长期运行的养老方式，在一定时间后会结束这种养老方式的运行，进入另一种养老方式。例如，由于地理位置的因素，北方老人在冬天前往南方进行旅游养老，而到了春天，老人会返回居住地选择家庭养老方式进行养老。子女忙碌且无暇照顾时，又可选择社区养老的方式进行辅助养老。在经济条件允许的情况下可选择机构养老，以给予老人更好的照护服务。根据老人的身体状况，给予老人年复一年的高质量养老生活。①

4.旅游养老创新发展的对策

探索旅游养老创新发展的对策，不断完善旅游养老服务，有利于满足老年人多样化的养老服务需求，极大地丰富老年人的养老生活，同时为新常态下经济增长开辟新的途径。

（1）注重顶层设计，加强对旅游养老的引导。政府首先应从公众意识层面加以正面的引导，采取自上而下的纵向宣传，转变老年人群的思维，加强思想建设，使老年人群接受追求更丰富的物质条件、享受精神生活的观念。同时还可以组织专业的老年服务团队或让有相关旅游经验的老年人进行横向宣传讲解，或组织短期的亲

① 赖一阳，曾瑞明．旅游养老：新时代养老方式革命的序幕［J］．中国集体经济，2018（28）：158-159.

身体验行程，使老年人更全面地了解养老旅游，从内心接纳这样的旅游方式，使养老旅游的新观念在社会上得以传播和不断得到良性反馈。在顶层设计上，政府应当引导行业体制的改革创新，制定有效的机制来协调解决由于地域不同所带来的政策壁垒，对异地养老所存在的医疗保障、养老保险、户籍管理、责任划分等问题尽早出台相关支持性政策。要从签证、医疗卫生、住宅、交通、社区、社会交往、终身教育等方面制定吸引旅游养老消费者的政策，以更好地推动旅游养老的创新发展，见表5-1。其次，政府应当加大对热门养老旅游目的地的环境建设和公共基础设施的投入，同时加强对相关从业者的专业培训，鼓励和扶持职业院校开设老年服务、养生保健、心理辅导等与旅游服务相结合的专业并输送人才，从硬件和软件双重角度为旅游养老奠定基础。最后，应当从政府的层面设定行业服务标准，规范行业行为并鼓励行业内部交流，推动养老旅游的健康发展。①

表5-1 **吸引旅游养老消费者的政策建议要点**

类别	建议要点
签证	放宽对来中国的55岁以上老年人的签证期限
医疗卫生	（1）积极培养和引进老年医疗护理人员； （2）加强老年人医疗急救服务； （3）鼓励本地医疗机构开展老年医疗服务研究
住宅	（1）对老年人的住宅给予房产税优惠，无论是异地旅游养老者还是本地老年人； （2）针对老年人住房的规划设计提出标准化规范； （3）根据老年人的需求，提供多种类型、多种价位的住宅
交通	（1）建设老年人步行和骑行的无障碍通道； （2）针对老年人驾车的特点，改进道路交通设施的设计； （3）大力发展无障碍公共交通服务； （4）对老年人乘坐公共交通给予优惠
社区	（1）对老年社区实行老龄化动态管理； （2）鼓励老年人参与社区的规划设计过程； （3）从积极老年化视角保障老年人各项功能和权利
社会交往	（1）建设老年社区的社交活动中心，并配置老年活动策划人员； （2）鼓励老年迁移者与本地居民的社会交往活动
终身教育	（1）老年社区与周边高校合作开设老年教育课程； （2）针对老年人使用互联网展开培训

① 刘溪辰．我国养老旅游现状分析与发展策略探究［J］．辽宁师专学报（社会科学版），2019（5）：7-8.

（2）加强资源整合与区域合作，减少季节性差异。养老机构和企业应加强自身对养老旅游产品的开发，将本区域所在的人文旅游资源和自然旅游资源进行整合，开发多条旅游线路，丰富高龄群体日常生活，加深高龄群体对旅居目的地风土人情的了解，开发新型旅游产品，例如修建农业大棚，发展绿色旅游产品，推动“旅游＋养老＋农业”的结合，推动温室活动，扩大活动范围，减少冬季带来的季节性差异。建立异地合作模式，与异地养老企业及旅行社进行合作，加强对异地客源市场的占有度，当异地老年群体人数达到一定峰值时，将客源进行共享，例如，可以以“交换生”的身份进行短期性的度假，减少养老企业和机构受气候温度所造成的人员过多或过少所带来的影响，提供养老、学习、旅游、娱乐、观光、度假为一体的综合性旅居养老服务。①

（3）打造全国性的旅游养老网络，提高服务水准。必须尽快建立起全国性的旅游养老网络，在全国甚至更大范围内，让老年人的旅游养老需求与养老机构闲置的资源实行对接。老人可以在当地养老院登记，到网络中的任何一家养老院度假、旅游观光、探亲访友等，养老院之间打开院墙，让老人在没有增加个人经济负担的情况下，可以到处旅游养老。加入到网络中来的养老机构都应当是经政府有关部门批准，由当地老龄工作部门推荐的老年公寓、老年服务中心、疗养院等，确保这些养老机构能为老人们提供符合标准的食宿、照料、医疗、保健、娱乐等配套服务，通过这种途径打造出我国的旅游养老联合体。还可以借鉴美国的一些做法，为旅游养老的老年朋友举办一些主题性的学习、参观活动，做到“活到老学到老”。②

（4）完善基础设施，加强旅游养老服务设施建设。旅游养老的设施建设应以保证老年人的安全为前提，以提高老年人生活质量为基础。在卫生间、马桶、淋浴、呼唤设施等细节的无障碍设计上，一定要由专业的公司或设计单位针对老年人的心理、生理、行为等特点进行开发设计，充分考虑老年群体的生理特点、生活需求和心理感受，为老年群体提供完善的服务与设施。为了突出旅游养老的康养的特点，还应设计配套专门化养生设施，可以通过与政府的合作，争取更多的政策优惠与支持，从而开发更多的专门化养生设施。③

（5）强化旅游养老产品的开发设计。旅游养老产品的开发设计对于旅游养老的发展至关重要，它对满足老年人旅游养老服务需求，促进旅游业的发展都具有重要的作用。

①明确开发设计的思路。根据马斯洛需求层次理论，需求通常被看成是某种人体内部出现的不平衡状态，同时也是人继续生存下去所应具有的客观条件反应。人

① 杨瀚壹，邹亮．“旅游＋”模式下大连“乐椿轩”旅居养老小镇发展现状及对策研究［J］．现代商贸工业，2020（5）：27-29.
② 李松柏．我国旅游养老的现状、问题及对策研究［J］．特区经济，2007（7）：159-161.
③ 王蕾，邱瑛．黄山市养老旅游发展对策研究［J］．产业经济，2017（1）：41-42.

的需求分五个层次：生理、安全、归属、尊重及自我实现。每一层次的需求都贯穿和影响着人的一生，这些需求的满足情况在人类晚年阶段更是具有重要的意义。作为旅游养老产品的目标群体，老年旅游者年龄普遍较高，身体素质较差，依赖性较强。因此，实现生理以及安全需求是不可少的基础，落实到旅游产品上，舒适的住处、健康的食物、安全的环境和松弛有度的观赏节奏等都是必不可少的。如果能配备医护人员，就更是上了保险的加分项。老年人也有稳定的社交需求，如正常的沟通与互动，家人与朋友的情感交流等，产品一定要人性化，为他们交流创造恰如其分的环境。此外，老年旅游者被尊重以及实现自我价值的需求比其他年龄阶段更强烈，因为他们普遍年事已高并且有自己的社会地位，经历也比较丰富，有自己不容冲撞的价值观。在选择旅游产品时，他们更倾向选择周围的人推荐的口碑去处，实现自己年轻时想去而没有机会去的愿望，所以设计旅游养老产品要注重宣传，主攻高性价比、避免铺张浪费的奢华线路，并且一定保证住宿和交通的干净舒适；老人希望服务周到，得到尊重和照顾，理想的旅游养老产品一定是服务满分的，面对服务中出现的意见分歧，老年人期望得到赞同和认可，但求舒心，因此即使工作人员不完全认可也一定要表达得宜。最值得注意的是自我实现的需求，这是定制个性化旅游养老产品的突破点。总而言之，我们不可以简单地将老年群体划分为弱势群体，而要重视其各层次需求的实现。①

②利用好现有的旅游资源。如果当地的养老资源比较丰富，在开发旅游养老产品时，可以利用现有的养老资源，如养老院、老年公寓、老年健身设施等，旅游养老过程中可以将这些资源融入进来，构建一个热闹的环境，使老年人形成一个集体，避免老年人产生孤独的心理。此外，这些资源不仅经济实惠，还可以给当地的养老机构带来经济效益，更好地完善基础设施和安全措施。在给老年人带来各种服务的同时，可以降低旅游养老的成本投入，将这笔资金投入专业化培养中，促进旅游养老产品可持续发展。

③丰富旅游养老产品的内涵和类型。许多地区现有的旅游产品类型过于单一，实质就是游山玩水，经不住时间的考验，因此，旅游养老产业要尽可能实现多元化发展。首先，将旅游养老与健身、饮食、医疗等方面紧密结合，在进行旅游养老时，可以打造多种风格的住宿环境，适合不同老年人的住宿需求，同时，还必须具备配套的安全设施和相关的健身设备、医疗设备等，改善老年人的居住环境，丰富旅游养老的基础设施内涵；其次，细化旅游养老产品划分，注重结合老年人的实际需要进行专门研发，找到老年人喜闻乐见且经得住考验的产品，或结合不同区域特色的产品，让老年人在旅途中仍然可以感受到家乡的存在；最后，创新旅游养老产

① 孙晓春，段曦琛，王瑞华，等．黑龙江省养老旅游产品开发研究［J］．现代商业，2018（5）：181-182.

品，打造出全方位和多层次的产品体系，为老年人选择最适合的产品，打造个性化发展模式。①

例如，重庆市为了丰富旅游养老产品的内涵，进行了旅游养老产品体系开发设计。他们确定主题以奠定产品开发基调，并围绕主题进行思维发散，开发多类型旅游养老产品，从产品广度、深度两个维度分别深入拓展，形成完整的旅游养老产品体系，打破了季节限制。重庆拥有丰富的自然和文化旅游资源，可开发森林避暑养老、温泉康体养老、乡村休闲养老、文化体验养老等多元化养老产品。《黄帝内经》中四季养生理论提到“春养生，夏养长，秋养收，冬养藏”，四季养生需要顺应时令节气变化。基于上述理论，重新整合旅游养老资源，构建重庆市旅游养老产品体系：

第一，踏青避暑森林旅游养老产品。春养“生”，入春后，要逐渐走到户外，常去踏青，长养生机。夏养“长”，则是顺应天地长势，呼吸森林中的负氧离子，促进生长功能，消夏避暑。②开发踏青避暑森林旅游养老产品，具体包括3种产品形态：森林浴养老、中医药养老以及森林文化养老。森林浴是指老年人通过呼吸森林里富含负氧离子的新鲜空气以及植物精气，以达到清肺、除尘、杀菌、增强身体免疫力的目的。为此，可打造老年群体专属的生态旅游步道，让游客漫步林中，放松身心；修建专门的骑行和慢跑绿道，开辟特色森林徒步旅游线路。利用森林里丰富的中药材资源，一是建设集观赏与科普学习为一体的特色中药材生态种植基地；二是建设中医健康养生服务中心，涵盖中医养生推拿、慢性病康复护理等全方位养老养生服务。森林文化体验以茶山竹海作为典型，通过参与采茶、制茶、泡茶、品茶的整个流程，深度体验茶文化与竹文化，感受生活的宁静与快乐。

第二，休闲娱乐乡村旅游养老产品。秋养“收”，通过享受秋收的欢乐，达到调养心肺，保持愉悦心情的目的。休闲娱乐乡村旅游养老具体可打造三大主要养老产品：农家田园观光养老、农事体验养老、特色主题乡村旅游养老。农家田园观光养老以近郊区域的果园和林园作为主要活动区域，观赏四季花景，体验采摘乐趣。出身农村的老年人，乡土情结浓厚，而拥有完善基础设施，涵盖农业观光、农事体验、休闲娱乐等项目的休闲农庄足以慰藉其乡愁。此外，还可盘活农村闲置房屋、土地，退休老年游客以租赁形式，拥有一定期限的使用权。农事劳动，体验农耕文明和乡村文化，回归质朴，颐养晚年。对许多老一辈人而言，知青生活也许是最难以忘怀的流金岁月，因此，可以以知青文化为主题，充分调查重庆周边曾有知青点的乡村，选取最具代表性、文化保存较完好的乡镇，通过营造过去生活、劳作、工作、娱乐的场景，让他们再次回顾体验那段“青葱岁月”。

---

① 王晟．苏州市养老旅游产品开发策略研究［J］．旅游纵览，2020（10）：126-127.
② 张跃西．养生旅游产品设计［M］．北京：中国环境出版社，2015：20.

第三，养生保健温泉旅游养老产品。冬养“藏”，避寒就温，可通过泡温泉、晒太阳来吸收阳气，保养身心。[①]作为全球首个“世界温泉之都”，重庆温泉资源总量丰富，类型多样，优质泉水众多，[②]可开发休闲观光型、疗养保健型、文化体验型三种温泉养老旅游产品。大部分温泉资源都分布在自然环境优美的风景区之中，让人泡温泉的同时也能欣赏秀丽风光，园区内各种休闲设施也能供其娱乐。疗养保健型养老产品主要突出两个功能：一是疗养功能。温泉富含的多种矿物质和微量元素，在治疗老年人的某些疾病和缓解疼痛方面有显著疗效。二是保健功能。开发功效以及特色各异的温泉浴池，老人可根据自身情况选择合适的汤池温浴解乏、康体保健。文化是创造温泉特色的重要因素，以民族洗浴文化与养生文化为核心要素。民族洗浴文化主要通过温泉地节庆活动、艺术演艺、特殊温泉种类等形式体现；养生文化主要表现在温泉地特色饮食、保健活动上。

第四，求知体验文化旅游养老产品。求知体验文化旅游是一种依托独特的文化资源所进行的旅游活动，包含物质文化和非物质文化。通过充分整合重庆市丰富的文化旅游资源，可开发宗教文化体验养老、民俗文化体验养老两种旅游养老产品。佛教和道教所涵盖的养老养生文化，极其适合开发文化体验旅游养老产品。清幽的寺院环境能吸引老年群体在此常住以修身养性，因此，可在寺院外修建特色民宿，接待有需求的老年群体。道教则可利用其太极养生文化开发相应产品。民俗文化主要体现于传统古镇和少数民族聚居地区。古镇可体验大城市消逝的传统民俗文化与传统节日氛围，依托古镇旅游资源和基础设施，打造旅游养老地产，让老年人安享慢生活。而在少数民族聚居区则能体验原真的民俗文化，以重庆渝东南地区土家族、苗族为突出代表，可体验传统民族服饰文化、饮食文化、民居文化、节庆文化、游艺民俗文化。[③]

④实现优质优价。在进行养老旅游产品开发的过程中，要注意适度开发优质优价的产品，虽然已经有不少购买力较强的老年人，但我国整体上老年人的购买能力处于中等水平，加上受到传统节俭思想的影响，他们很少选择购买价格高的养老旅游产品。因此，相关企业应针对不同购买能力的老年人制订不同的养老旅游方案，对购买能力较高的老年人，可以选择高档一些的产品，如温泉，可以促进矿物质吸收，同时也可达到放松心情的目的；针对购买能力中等的老年人，可以为他们开发物美价廉的产品，如类似农家乐的养老产品，使其感受旅游文化。但是，在针对不同购买能力的老年人进行产品开发的过程中，必须坚持优质优价，做到不偏离市场价格，只是针对购买能力进行多方面选择。[④]

---

① 张跃西．养生旅游产品设计［M］．北京：中国环境出版社，2015：20.
② 周刚．重庆发展旅游养老初探［J］．市场论坛，2013（12）：81-83.
③ 林惠．重庆市旅游养老产品开发研究［J］．度假旅游，2019（4）：153-154.
④ 王晟．苏州市养老旅游产品开发策略研究［J］．旅游纵览，2020（10）：126-127.

（6）打造旅游养老专业人才队伍，加强对从业服务人员的考核力度。要使旅游养老的老人感受到如同在家里一样温馨，享受和在家一样的服务，有安全感、亲切感、被尊重感和归属感，就需要强化旅游养老专业人员的培养，打造旅游养老的专业人才队伍。首先，必须通过加强各类旅游养老专业人才服务技能的培训，来提高旅游养老机构服务人员的服务技能。各地劳动就业部门可增设旅游养老服务师等工种，并分级定期进行鉴定，使旅游养老服务成为集旅游、娱乐、医疗、预防、保健、康复、教育等于一体的服务，旅游养老服务师是集多种服务于一体的工作人员。其次，旅游养老发达的目的地应根据本地实际，在旅游院校中增设老年学课程，并鼓励学生兼修老年服务与管理专业，培养旅游与养老的复合型人才；对在职人员，定期进行相关培训，保证从业者专业素质。通过多种途径着力提高旅游养老机构从业人员的业务技能，建设一支思想过硬、态度端正、素质优良的专业服务队伍，为实现旅游养老的进一步发展做出积极贡献。①

加强对从业服务人员的考核力度并实施责任到人制度。旅游养老专业人才如同螺帽一样在串联旅游养老产业和老年人中发挥着重要的作用。因此，一方面，行业要对从业者的资格进行严格的审核，并进行阶段性考核，将不适合本行业的从业人员在必要时进行辞退；另一方面，为了提升从业者的责任心，要将服务责任落实到人，保证老年人接受旅游养老服务的安全性。②

六、互联网+养老模式

人口老龄化是人类社会发展到一定阶段的必然现象。随着我国老龄人口的不断增加，“银发浪潮”已经成为一种必然的发展趋势。根据全国老龄办发布的数据：截至2017年年底，我国60岁及以上老年人口2.41亿人，占总人口的17.3%。其中2017年新增老年人口首次超过1 000万人。预计到2050年前后，我国老年人口数将达到峰值4.87亿，占总人口的34.9%。我国的老年人口呈现出增速迅猛、高龄老年人数量多、空巢率高、赡养压力逐渐加大等特点。老年人口的激增和寿命的提高使养老服务需求大幅增长，发展养老服务的重要性日益凸显。党的十九大报告指出：“积极应对人口老龄化，构建养老、孝老、敬老政策体系和社会环境，推进医养结合，加快老龄事业和产业发展。”各级地方政府贯彻落实中央精神，缓解社会以及千百万个家庭的养老压力，解决好养老服务问题，应把推进“互联网+养老”的建设和发展作为着力点。

① 李松柏. 我国旅游养老的现状、问题及对策研究［J］. 特区经济，2007（7）：159-161.
② 吴奕鹏，陆超超. 浅谈旅游养老［J］. 中国集体经济，2020（10）：118-119.

1.“互联网+养老”的提出

随着互联网技术在各个领域的广泛应用，“互联网+”也为传统养老服务模式的突破，带来了新的发展机遇。“互联网+养老”是以互联网技术为载体，以大数据为支撑，将信息技术、人工智能、互联网思维与现行的养老机制融合，对传统行业养老服务进行改造升级，极大程度地满足老年人的各类养老服务需求，实现老年人360度全方位养老。[①]在养老服务业的运营中，它将“互联网+”通过软件的集成化、系统化，对养老服务资源实施精准化、立体化管理，把养老服务的供给方和需求方有效、紧密地连接起来，使双方实现零距离、无障碍化沟通，达到互利共赢，让传统养老理念向智能化、居家化、专业化和丰富化的方向发展。

“互联网+养老”为打破传统养老服务模式的局限，破解养老服务难题，提供了新的选择和新的路径，使“互联网+”能够惠及每一位老年人，不但可以减轻每个家庭的养老负担，而且对于低成本应对人口老龄化，担当助推养老服务的重任具有重要意义和积极作用。“互联网+养老”是能够应用于居家养老、社区养老、机构养老、养生养老、健康养老、异地养老、休闲养老等多种养老方式的高科技集成平台，可以改善各种养老方式的功能和质量，已呈现出广阔的发展前景。

2.“互联网+养老”发展的背景

（1）居家养老成为老年人的最佳养老方式。调查发现，老年人选择的养老方式首先是居家养老，然后是到养老院居住和去有专业护理的老年公寓，最后选择的是去社区提供的托老中心。这种选择顺序反映出在中国传统思想下，居家养老是老年人的最佳养老方式。

（2）老年人的养老服务需求日益多样化。老年人的健康状况、收入以及年龄等的不同，其希望获得的各类养老服务也呈现较大差异，总体来看老年人的养老服务需求日益多样化。在生活照料服务方面，老年人的需求有专职人员照料、家政服务钟点工、上门服务、陪同看病、老年饭桌、协同日常购物、提醒服药、日托服务等。在医疗保健服务方面，老年人的需求有在家长期护理、上门看病、康复治疗、家庭病床、定期检查并提供保健指导、健康讲座、健康信息咨询、医疗保险服务等，且健康状况越差，需要的医疗保健服务越多。在娱乐和心理服务方面，老年人的需求有老年综合活动、聊天解闷、结交同龄朋友、心理咨询、临终关怀等。在老龄产品方面，老年人的需求有老年人住宅、老年商品专卖、老年大学、商业养老保险、老年人就业咨询、老年人服务热线、法律咨询及法律援助、其他产品和服务等。

---

① 杨海瑞. 互联网+养老模式的再选择［J］. 三门峡职业技术学院学报，2016，15（1）：119-122.

（3）传统养老模式存在较大局限性。居家养老、社区养老和机构养老是我国老年人养老服务的三种重要模式，这些传统的养老服务模式，面对处于不同年龄段、具有不同健康状况、消费水平差异大、需求层次不同、需求多样化、居住分散的各类老年人，呈现出服务对象的覆盖面不广、服务内容单一、服务质量不高、服务标准化和针对性不强等问题。

（4）互联网技术的飞速发展。计算机技术的创新发展和普及应用，催生了互联网技术。21世纪以来，我国互联网技术不断被应用于人们的日常生活和商业行为之中，取得了可喜的发展成效，已经成为一项重要技术。互联网打破时间和空间的限制，让许多有共同爱好、共同需求的老年人从线上到线下，走到一起，让社会组织、涉老服务机构找到具体的老年人群体，向他们提供有针对性的为老服务，实现了养老模式的创新。

3.“互联网+养老”存在的问题

（1）政府部门的重视、宣传不够。受传统养老模式惯性思维的束缚和影响，加之许多政府部门领导者对“互联网+”的认识不足，导致政府部门对“互联网+养老”服务业这一新兴业态的重视程度和宣传力度不够，社会对其接纳和认可度不高，造成其发展缺乏应有的社会土壤和民意基础。

（2）老年人“触网”存在障碍和风险。互联网虽已得到广泛推广和应用，但对于广大老年人来说它还是一个遥不可及的概念。很多老年人对稍显复杂的网络操作，感到难以接受或者束手无策。互联网的生产商和服务商，往往忽略老年人的消费需求，漠视老年人的消费偏好，相关互联网产品的设计缺乏对老年人的人文关怀，老年人很难熟练掌握网络各项操作，对智能化终端设备也难以熟练使用，这使老年人很难融入网络时代。此外，老年人互联网安全知识匮乏，不善于对个人信息和隐私进行保护，数据泄露事件时有发生，加之其对网络欺诈的识别力较弱，往往成为网络诈骗的受害者。老年人使用“互联网+”存在的诸多风险，制约了“互联网+养老”服务业的顺利发展。

（3）养老服务业发展不平衡、不充分。“互联网+养老”服务业的实质是在对养老服务供给资源进行集约化管理的基础上，对养老服务的供需双方进行有机衔接。但是目前全国很多地方养老服务业发展不平衡、不充分的问题比较突出，线下养老服务的内容、数量、品种供给不足，服务质量也良莠不齐，这制约了养老服务业资源配置潜能的更好发挥。在“互联网+养老”服务模式下，尽管互联网企业在一定程度上能够控制在线产品的种类、内容和质量，但是一旦老年人及其家属在线下体验不理想、不满意，就会使得老年人对“互联网+养老”心生疑虑、望而却步。另外，许多地方“互联网+养老”处于个别区域试点阶段，不能充分释放惠民红利，这是其难以普遍推行的重要原因之一。

（4）缺乏成熟的养老服务商业模式。养老服务业具有较强的社会公共服务性质，大多数涉老机构提供的都是低偿或无偿的养老服务，而各地“互联网+养老”行业相关制度不完善，激励机制不健全，尤其在购买公共服务、补贴资金标准和额度、服务市场定价等方面缺乏完善的制度保障，导致缺乏成熟的养老服务商业模式，这是“互联网+养老”发展的一大痛点。

4.“互联网+养老”助力地方振兴发展的对策

“互联网+养老”，目前看是一种既经济又方便快捷的养老服务模式，必将成为我国今后养老服务的一种新趋势。“互联网+养老”助推地方振兴发展，我们应在以下几方面着力：

（1）认真学习和借鉴全国各地“互联网+养老”模式的成功经验。“互联网+养老”在我国的发展，目前北京、杭州、厦门等城市走在了前面，并形成了相应模式，其先进做法值得我们借鉴。北京模式的特色体现在由BKCN腕带智能终端、App云平台智护服务、社区养老服务馆线下服务、与120救护系统连接的救护服务和呼叫中心平台的服务监控构成的“五位一体”养老综合服务体系。杭州模式的特色在于网上实施助急、助洁、助餐、助医、助浴、助行、助聊的“七助”服务，服务项目齐全，价格优惠且覆盖辖区所有老人。厦门模式的特色主要体现为通过信息化养老服务平台，打造“O2O”养老服务新模式，使养老信息化平台与社区居家养老服务站有效对接，提供人性化的社区居家养老优质服务。各级政府及其有关部门一定要认真学习这些地区的经验，充分认识“互联网+养老”发展的重要性和迫切性，真正把其列入政府工作议程上来。

（2）切实加强领导，推进“互联网+养老”的创建和发展。“互联网+养老”是一个复杂的系统工程，它是由信息网络技术、政府、加盟企业、客户（即老年人及其家属）、专业人员和社会志愿者等要素共同组成的系统。“互联网+养老”在创建和运营过程中，政府及其职能部门始终起着主导、引领、扶持和管理与监督作用。[①]“互联网+养老”其实就是“政府搭台、企业唱戏、机构监管、老人受益”的养老服务网络。政府部门应切实把握“互联网+”带来的难得机遇，加速养老服务业的改革与发展，科学谋划，统筹协调，大胆推进，应立足国情、省情、当地民情等，强化“互联网+养老”服务业的政策设计引导和战略部署，鼓励“互联网+”与养老服务业的深度融合，做到稳中求进、行稳致远。

一是在场地的提供、系统的开发等方面支持信息网络平台建设，打造大数据综

① 刘红芹，包国宪．政府购买居家养老服务的管理机制研究——以兰州市城关区“虚拟养老院”为例[J]．理论与改革，2012（1）：67-70.

合服务平台，整合养老服务和管理资源，沟通民政、医疗、公安、街道社区等多部门和机构，实现海量老年服务需求信息的有效共享，为老年人提供便捷、高效、多样的定制型、个性化智能养老服务。

二是政府加大投入力度，建立养老资金投入长效机制。各级政府应把养老服务列入财政的经常性预算项目，建立养老服务基金，并随着国民经济发展，以不低于国民收入的比率逐年增长。出台扶持优惠政策，对“互联网+养老”相关机构和单位提供创建经费补贴和运营经费补贴，向用地、用水、用电、贷款和税收等方面倾斜，提高政策吸引力，以调动社会力量和民间资本参与养老服务业的积极性。[①]对符合补贴条件的老年人提供购买服务，让经济收入不同的老年人共享“老有所养”大平台。努力扩大养老服务的资金来源，鼓励企业、社会、个人投资养老服务业，形成“政府资金+社会资本+慈善捐助资金”的养老资金筹备机制，采取独资、合资、股份制等投资融资方式，借助民间资本力量，加强养老服务基础设施建设，培育壮大养老服务产业集群，建成一批设施连通、互助共享的宜居适老住宅区，确保各地养老服务业可顺利搭乘“互联网+”的快车、便车。

三是政府主导，持续创新，推进养老服务标准化体系建设，加大“互联网+养老”产品的研发支持力度，不断丰富养老服务产品的种类和项目，并使养老产品和服务更加人性化，让产品涵盖老年人的日常生活用品、生活照料、健康管理、心理咨询、康复理疗、远程医疗、文化娱乐、金融保险、房地产、旅游养老等方方面面，全方位、多角度地满足老年人的需求，推动“互联网+养老”平稳发展。

四是政府在全社会大力倡导尊老、爱老的良好风尚，充分利用新闻媒体和网络，加大对“互联网+养老”行业发展状况、趋势和发展前景以及相关政策、制度的宣传力度，使“互联网+养老”服务业的观念深入人心。

五是政府要加强网络监管，组织力量严厉打击网络诈骗等违法犯罪行为，特别是针对老年人的网络诈骗活动，加大惩处力度。无论是政府、社会还是家庭，都应当正确地引导老年人规避网络风险，最大限度地化解不安全因素，营造网络信息安全的良好环境，切实保障老年人的合法权益，让其分享互联网发展红利。

（3）加强高素质的专业服务人才队伍建设。“互联网+养老”发展离不开一支高素质的专业服务人才队伍，这是不可或缺的重要软件支撑。培养数量众多的各方面专业人才，不但能满足养老服务业的需要，而且有利于解决就业问题。为此，政府应当在调研的基础上合理规划各种专业服务人才的培养方案，并为其就业提供渠道和服务；相关中、高等职业教育机构应积极开办养老服务专业，为“互联网+养老”储备和输送高素质从业人员；要建立一支相对稳定的志愿者队

① 刘良军. 繁荣发展“互联网+养老”的思考［J］. 湖南涉外经济学院学报，2017（3）：39-43.

伍，可借鉴国外的“义工”制度，建立权威性管理机构，对中青年志愿者活动做出制度安排，即将服务情况纳入个人档案，作为升学、用工、晋升、评选的依据；要建立对养老服务人员进行定期培训制度，不断提高他们的职业道德、专业技能和服务水平。

（4）打造绿色通道助推老年人“上网”。互联网发展绝不能把老年人丢下，应引导、帮助老年人融入网络时代，这不但事关“互联网+养老”的发展进程，而且事关老年人的福祉和社会主义和谐社会建设。实践证明，社会多方合力，通过建立“绿色通道”助推老年人“上网”是“网络扫盲”的有效途径。所谓“绿色通道”，就是在对老年人普及互联网教育时要从实际出发，降低培训的“门槛”，从“零点”起步，重在“学以致用”，讲求实际效果。各级政府和社会组织等要形成合力，通过老年大学、街道社区、图书馆、社会组织等针对老年人开设互联网课堂，教会老年人使用互联网。老年大学计算机班的招生要“重心下移”，在开办“提高班”的同时，还要根据需要举办“普及班”。大力倡导老年大学组织师资深入街道社区，在老年人的“家门口”举办免费讲座，方便老年人就近学习，减少其奔波之苦。在教学方法和课程设置等方面，充分考虑到老年人的实际情况，化繁为简、循序渐进开展教学，增强课程的实用性，让老年人能够真正将互联网技术运用到生活中，感受到互联网所带来的巨大便利。要广泛开展招募志愿者活动，机关公务员、企业技术人员、大学生，甚至中小学生都可以成为志愿者。让他们经常深入社区、老年人家庭和各类养老机构，运用灵活有效、老年人喜闻乐见的形式，向老年人普及互联网知识及互联网养老服务产品的操作技能，使老年人能享受“互联网+养老”行业的良好服务，形成良好的社会影响。老年人要秉持终身学习理念，以积极的心态主动“触网”，大胆体验，亲身感受“互联网+养老”带来的独特魅力。老年人家属要有意识地鼓励、辅导和帮助老年人掌握各种互联网智能终端的使用方法，让老年人在有效规避相关风险的基础上，实现个人、家庭生活与互联网的深度融合。

案例研究

九如城集团的“医养融合”养老服务模式

九如城集团起步于2009年，是一家大型“医养融合”综合类的高端养老服务机构，从顶层设计到终端运营，倡导积极老龄化理念，依据福利多元理论，探索实施从内容体系、结构体系、服务体系到价值体系的“医养融合”养老服务生态系统模式，助推我国养老产业的发展。

马斯洛需求层次理论认为，人类的需求从低到高可以分为5个层次：生理需求、安全需求、社交需求、尊重需求、自我实现需求。对于老年群体来说，较高层次的尊重需求和自我实现需求是很多老年人的期望。因此，九如城集团从最初的“尊老社”项目运作开始，称呼他们的服务对象为“长者”，体现出以服务主体为中心的原则，体现出对老年人的尊重，从心理上提升被服务的老年人的自我认可度和自我价值感。

（1）内容体系。九如城养老服务集团的“医养融合”养老服务体系的内容不仅提供长者的日常生活照料，尤为重要的是为长者提供健康保健、疾病的预防与治疗，疾病的康复管理、临床护理等积极医疗护理服务。医疗方面，通过建造三级专科医院标准的中心医院，集医疗康复、科研教学、健康管理、老年关怀为一体，与省内外先进的三甲医院、高等院校合作，积极引进业内最前沿的康复技术，整合高端康复医疗人才，构建核心康复医疗体系，为广大康复患者提供领先的绿色康复服务；打造以社区为基础、机构为补充的社区“嵌入式”医院，以老年医疗康复服务为核心，将康复护理服务延伸到社区及家庭。在康复护理方面，九如城健康管理中心以预防和控制疾病发生与发展，减低医疗费用，提高生命质量为目的，独创“全健康管理”服务体系，将传统的医疗体检、中医体检、绿色就医通道和健康养生等有机地融入九如城健康管理体系中。同时，九如城健康管理中心以建立动态的健康档案为基础，实现家庭式医生服务，通过医疗服务、营养膳食、科学运动、生活方式四大干预模块，颠覆当前社会以治疗为核心的医疗服务模式，转向以预防为核心的健康管理服务体系，为入住长者提供专业、有针对性的日常康复训练服务以及紧急医疗处理、日常健康咨询、定期健康体检、服药提醒等专业医疗服务。将康复护理、医疗护理和养老服务有机结合，以完善的医康养护资源体系作为资源支持，满足一定区域内全部长者生命周期的养老需求，并提升生命的长度与宽度。

（2）结构体系。九如城集团的“医养融合”养老服务结构体系覆盖生活能够自理的、失能的、半失能的、失智的各类长者，且根据长者情况精准分类，提供不同的服务项目和服务内容。康养中心的服务对象是健康高龄、半失能长者，配备全套无障碍设施、适老化家居，旨在给长者一个温暖的家。安养中心的服务对象是失智长者，制订专属的护理计划，定制的康复训练，实现实时健康监测，减缓功能衰退，提高生活质量。颐养中心的服务对象是健康活力长者，选取多个生态环境有约定城市同步布局，南飞过冬，北漂避暑，定制特色旅居路线。不一样的生活方式给予长者更加舒适自在的晚年生活。日间照料中心的服务对象是社区长者，设置有配餐、棋牌、戏曲、书画等服务项目，同时利用九如城康复医院的专业优势，把康复护理服务融入社区服务，惠及居家长者。居家养老服务中心的服务对象是居家长者，全方位提供生活照料、医康护理、精神关爱等服务。

（3）服务体系。服务体系是指养老服务的传递方式。九如城集团提供医康养教研相融合的特色服务，即康复医疗、健康管理、养老服务、教育培训、科研创新有机结合，以完善的医康养护资源体系和人才培养体系作为资源支撑，夯实科研基础，给予长者全方位关怀。以公建民营、自建自营、委托运营等方式连锁运营城市养老院项目，并以养老综合体为资源载体，以城市养老院为运营核心，将康养服务延伸到社区和家庭，全面践行“养老综合体—城市养老院—社区养老—居家养老”四级养老服务体系，即：养老综合体是养老服务体系的支撑和支持，城市养老院和居家养老服务是养老服务的终端，为长者提供基础服务，社区日间照料中心是机构的服务延伸，居家的服务据点。

依托九如城集团与江苏经贸建立的混合所有制二级学院——江苏经贸·九如老龄产业学院，率先打造教育型养老机构。产业学院不仅具备职前培养、职后培训养老服务专业人才的功能，同时嵌入老年教育功能，营造“在学习中养老”的浓厚氛围。医养融合的服务体系提供标准化的服务流程、标准化的服务质量、标准化的服务内容、标准化的服务设施和标准化的服务人才培训，为长者提供专业化康复医疗服务、动态式健康管理服务、托管式社区日照服务、便捷式居家上门服务、多样化休闲娱乐服务等全方位的高品质养老服务。

（4）价值体系。医养融合养老模式的价值体系的核心和根本是为客户创造价值。九如城养老集团通过养老与康复融合、养老与教育融合、线上与线下融合、机构与社区居家服务融合、商业运营与公益目标融合等措施，了解客户需求，为客户解决实际问题，为客户创造价值，链接客户价值终端，完善价值链，打造价值型企业。狭义方面，养老服务的客户是长者，不仅要为长者的身体健康为服务目的，还要为长者的心灵健康以及他们背后的幸福家庭为服务目的，培育长者的积极乐观的心态，提升长者的科学养生能力，全面提升长者的自我价值认同感，让长者体验到老有所养、老有所医、老有所为、老有所学、老有所乐，以及老年人合法权益保障和老年人社会参与的自我价值。广义方面，除了长者是核心客户，是主体客户以外，医养融合服务体系中的参与者也是客户，所以医养融合养老模式的价值体系体现在每一个链接客户的价值实现，包括员工、长者的家庭、社区、企业、机构、行业、社会等。员工通过自己的劳动，体现了自身价值，长者到长者家庭幸福的传递，作为子女，传播父母幸福之道，传承孝爱，由机构到社区，由企业至行业，提升每个链端的价值，拓展价值链的长度和宽度，全面打造价值型企业。

“医养融合”养老服务模式是一项系统性工程，需要上到中央政府政策方面的顶层设计和优惠政策的支持，主管部门以及部门之间的协同配合，下到医疗机构、养老机构、社区、家庭乃至老年群体各方面全力联动，医疗、养老都不可偏废，还需要有科学细化的管理实施路径，还要加强医养融合服务的人才队伍建设，最终能够满足多层次健康养老服务诉求，并且优化配置医疗资源和养老资源，形成可持续发展的养老服务产业。

思考与讨论：

（1）九如城集团的“医养融合”养老服务模式满足了老年人哪些需求？

（2）九如城集团的“医养融合”养老服务模式有何特点？

（3）本案例对你有哪些启示？

（资料来源：李新泉，王威.“医养融合”现代养老服务模式探究——以九如城集团养老服务综合运营商为例 [J]. 价值工程，2019（9）：19-21.）

书圣故里社区“台门互助”养老模式

绍兴市是浙江省人口老龄化程度较高的城市，相关资料显示，“根据‘三普’‘四普’资料提供的统计数据，从老年系数的提高和年龄中位数的上升两个方面证实，绍兴市于1982年已站在老龄社会的门槛前”①。“2000年以后，绍兴市人口年龄构成类型已进入深度老年型人口”②。书圣故里社区隶属绍兴市越城区蕺山街道，总面积约0.8平方千米，现有居民2 555户，总人口6 852人，其中60岁以上人口1 869人，占社区总人口的27.28%，远远高于绍兴市22%的老龄化平均水平（2015年7月的统计数据）。书圣故里社区有57个老台门，居民大都生活在台门里。相较于其他社区，台门的生活居住环境相对封闭落后，许多年轻人都搬了出去，老年人成为社区居民的绝对主体。社区老龄化、高龄化尤其是空巢化形势严峻。为了积极应对人口老龄化的挑战，自2006年起社区在《绍兴市人民政府办公室关于加快发展养老服务业的意见》《绍兴市人民政府关于全面推进居家养老服务工作的意见》等文件指导下，充分利用“老台门多、老人多、老邻居、关系融洽”的特点，开展老人间相互帮助、相互扶持，以社区资源为依托的“台门互助”养老实践，积极探索“居住在台门，生活在社区，照顾在邻里”的“台门互助”养老模式。

（1）书圣故里社区“台门互助”养老模式特质。依据经济（或物质）供养、生活照料、精神慰藉三个层面，可以将养老模式分为家庭养老和社会化养老两种基本类型③，其中社会化养老又可细分为居家社区养老和机构养老。互助养老介于家庭养老和社会化养老之间，是家庭养老、社区养老的有益补充，弥补了养老服务的不足④。开展互助养老各地做法不一，书圣故里社区“台门互助”养老模式有以下

① 俞庆仁. 绍兴市人口老龄化研究 [J]. 浙江社会科学，2000（6）：73－78.

② 绍兴市人口和计划生育委员会，绍兴文理学院. 绍兴市大城市人口发展专题研究 [EB/OL]. [2018-03-15]. https://wenku.baidu.com/view/09b2ef26ec3a87c24128c466.html.

③ 杨静慧. 互助养老模式：特质、价值与建构路径 [J]. 中州学刊，2016（3）：73-78.

④ 黄自龙. 我国城市社区互助养老的问题 [D]. 杭州：浙江财经大学，2013：45.

特质：

①台门为基、活用资源。台门，是绍兴聚族而居的传统民居建筑形式，一般是指平面规整、纵向展开、院落式组合的独立宅院。书圣社区有57个台门，每个台门里少则四五户，多则20户人家。在“台门互助”养老模式中，台门是社区实施互助养老的基本单位。居住在台门里的都是老年人，他们长期生活于此，彼此关系融洽，且有些老年人退休后，身体健康状况良好，有较多的时间发挥余热，实现自我价值，便于开展互助养老服务。基于此，社区以台门为基本单元，活用银发资源，开展互助养老服务。

②邻里守望、互助自治。社会学家沃恩·本特森的研究指出，老年人与好友、亲属和邻居进行的随意性活动会在提升其生活满意度方面起到极大的作用[①]。“台门互助”养老模式最大的特点就是提供服务的老年人是共同居住、共同生活多年的老台门邻居，大家彼此熟悉，生活起居习惯相同，可以充分实现不同年龄、不同健康状况、不同特长的老年人邻里守望、互助依靠、同居同住的生活共同体，通过邻里守望互助，实现老年人的自立自治。

③积分管理、制度激励。“台门互助”养老模式在推行过程中设有“积分管理”激励制度，旨在用评估指标和计量方式助推“台门互助”养老模式的规范化，从而形成“台门互助”养老模式的长效机制。目前，书圣社区出台了志愿者积分办法和志愿者嘉许回馈制度。志愿者积分每月一积，每服务一次积一分，超过一小时可酌情加一分。其中，对服务时长每季超过48小时（分）或在志愿服务项目中表现突出的志愿者予以嘉许，主要以精神嘉许为主，物质嘉许为辅。志愿者有需要时可以借助96345平台进行积分兑换，以获得相应的无偿服务。

（2）书圣故里社区“台门互助”养老模式建构与实践。为了实现“台门互助”养老模式社会效益的最大化，书圣社区按照“政府支持、社区主办、群众参与”的方式，积极开展“台门互助”养老模式的路径构建和实践：

①完善养老基础设施。书圣故里社区按照社区主办、政府支持的原则，建立生活、娱乐、医疗保健等相关基础设施，保障社区具有开展互助养老的公共空间。一是生活基本设施。社区与辖区内的属地单位和个体工商户签订协议，在辖区内设立便民服务网点。便民服务网点以低偿、无偿的形式为社区老人提供定向服务，做到有求必应。二是文化娱乐和医疗保健设施。书圣故里利用房产置换的办法，改建出400平方米的台门养老照料中心，突出“老台门、老茶馆、曲艺风”特色，内设大戏台、图书室、书画室、医疗保健室，打造主题突出的老有所乐阵地，满足老人娱乐休闲和医疗保健需求。

---

① 陈静，江海霞．“互助”与“自助”：老年社会工作视角下“互助养老”模式探析［J］．北京青年研究，2013（4）：36-43．

②构建社区和谐互助文化。书圣社区通过多种方式促进和谐文化建设。社区党委组织开展“五好家庭”和“五好台门”评比活动。社区大力开展各种文艺体育活动和台门居民联谊活动。比如，春节、元旦等节假日台门居民一起包饺子、做汤圆，平时交流厨艺；元宵节举办灯会、民俗文化节等。丰富多彩的社区活动打破了居民“老死不相往来”的局面，形成了以邻里亲情为特色的书圣社区人文关怀文化。

③建立社区化帮扶网络。在现实生活中，老人的养老需求是多样的，不仅限于生活照料方面的需求，还包括心理、医疗服务和法律等方面的需求[①]，因而互助养老服务仅仅依靠社区老人间的互帮互助是远远不够的，如果得不到社会力量的支持和参与，互助的领域会比较狭窄，内容也会比较单一。书圣社区在推进“台门互助”养老模式过程中，努力在构建社区化帮扶网络上下功夫。通过统筹社区资源，扩大社区互助养老服务队伍，拓宽互助养老服务内容，提高互助养老服务质量。

首先，动员辖区社会力量参与助老服务。书圣社区利用地理优势与属地单位、共建单位签订互助养老协议，公开面向在辖区内设点经营的个体工商户、社区共建单位、属地单位的员工招聘志愿者，构建社区化互助帮扶网络。社区化帮扶网络的构建，促进了志愿者服务队伍的多元化、层次化，提高了互助养老的服务质量。

其次，合理利用周围的优势养老资源。与绍兴市第五医院和蕺山卫生院结对，促进了医养结合的发展。绍兴市第五医院医生每月为辖区老年人开设健康知识讲座，开展量血压、测血糖等免费就诊服务项目；蕺山卫生院利用自身的医疗资源，为60岁以上的老年人建立健康档案。

④规范互助养老行为。书圣社区在推进“台门互助”养老模式过程中，充分发挥社区管理职能作用，规范互助养老行为，以期建立台门互助养老服务的长效机制。

社区是互助养老活动的主要实施单位，是互助养老行为的倡导者、组织者和监督者，对互助养老活动肩负管理职责。近几年来，书圣社区出台了一系列互助养老行为管理办法，对志愿者招募与培训、互助内容与形式等做出明确规定，用制度的形式对互助养老行为进行规范。此外，建立志愿服务记录制度，记录志愿活动过程及每一个志愿者的服务时长。每年对志愿者进行考核和评定，评选先进人物，总结推广先进事迹，以保障互助养老服务持续有效。

（3）完善书圣故里社区“台门互助”养老模式建议。“台门互助”养老作为家庭养老和社区养老的一个重要补充，在一定程度上弥补了家庭养老和社区养老在老人生活照顾、心理疏导、精神慰藉等方面的不足，减轻了政府与社区养老服务的压

① 张丽君. 农村助老志愿服务长效机制的实践探索［D］. 苏州：苏州大学，2014.

力，促进了社区的和谐。但是在实践中，在政策扶持、风险保障、积分管理等方面仍然需要进一步完善。

①加大台门互助养老政策扶持力度。目前政府对居家养老的相关政策支持和投入较多，但是涉及互助养老的措施很少，资源投入不足，主要体现在以下两方面：第一，缺少必要的资金支持。目前互助养老仅被看作社区居家养老的一部分，互助养老没有被列入政府的养老支出预算中，导致互助养老得不到必要的经费保障。由于资金短缺，互助养老可持续发展能力较弱，有的服务人员的招募、培训、管理等基本制度和措施不得不流于形式。第二，对互助养老宣传力度还不够。在“台门互助”养老的具体实施过程中，社区老人和其他居民对互助养老理念的认识还不够深刻，还未能将社区内的老人都动员起来参与其中。在对社区随机抽取100位老人的问卷访谈中发现，由于互助养老提供的服务信任度、服务质量不高，有40%的老人不愿意参加互助养老。另外调查还发现，社区结对帮扶的助老志愿者也还仅局限在党员、干部，以及有公益精神的社区热心民众等小群体内。

互助养老的有效实施离不开地方政府的支持和主导，因此地方政府应加大对互助养老的支持力度。第一，保障资金投入。政府的资金投入是互助养老服务顺利发展的经济保障和重要前提[①]。政府在制定居家养老预算时，应将互助养老列入资金支持的清单中，设立专项资金用于支持社区互助养老的发展。保证扶持资金足额到位，形成长效机制和常规机制[②]。第二，加大对互助养老的宣传力度，尤其是互助养老理念，需要政府和社区进一步采取措施加以宣传和引导。

②建立互助养老风险保障机制。调查发现，社区在推进“台门互助”养老实践中没有或很少设立风险保障机制。社区将工作重心放在了为高龄、独居、空巢老人解决生活困难上，对于志愿者在服务过程中发生意外损伤，抑或由于能力和技术不足，导致被服务的老人受到损伤和财产损失等情况，社区并没有在这方面进行充分的考虑。

互助养老主要是依靠老人们的热心而建立和发展的，但风险保障机制的缺乏最终难免会打击部分老人参与互助服务的积极性。为此，社区应树立风险防范意识，建立互助养老服务的风险保障机制。第一，加大互助养老培训力度，提升互助养老的专业化水平，降低互助风险。第二，进一步完善居民的养老保险和医疗保险制度。第三，建立养老服务互助风险基金，专项用于志愿者开展养老服务的风险保障工作。

③积极完善积分管理激励办法。积分管理激励办法是“台门互助”养老模式推进的主要措施之一，但是书圣社区积分管理办法目前尚处在探索阶段，客观上存在

① 马锐．大连城市互助养老服务问题研究［D］．大连：东北财经大学，2013：41.
② 黄自龙．我国城市社区互助养老的问题［D］．杭州：浙江财经大学，2013：48.

许多亟待完善的地方。第一，服务记录方法原始，积分操作简单，对于提供服务该如何进行积分，书圣社区采取的是最简单的办法，即每服务一次积一分，超过一小时酌情加一分，这种简单积分方式忽视了老人间个体差异与志愿服务劳动强度的差别，造成单位时间内的服务价值无法准确衡量，客观上存在不合理与不公平。第二，嘉许回馈制度设计存在缺陷。嘉许回馈制度设计存在重精神而轻物质的现象，积分主要用于年终评优评先。通过政府96345平台兑换积分的服务一直还处于酝酿中，并未出台实施细则。

社区应积极修改完善积分管理办法。第一，出台积分登记细则，按照劳动强度细化积分登记。第二，开通96345平台开展积分兑换服务，将志愿者在互助养老中所贡献出的劳动直接转变为可见的时间或金钱，提升其在互助养老中的信誉度，从而鼓励更多的人信任这一养老模式并投身于互助养老实践。

总之，在老龄人口比例不断提高的背景下，养老已经成为一个严峻而现实的社会问题，这一问题的解决程度考验着政府和社会的智慧。绍兴书圣社区结合社区特点，经过多年实践探索形成的“以台门为基，以活用资源、邻里守望、互助自立、积分管理、制度激励为特质，以完善养老基础设施、构建社区和谐互助文化、建立社区化帮扶网络、规范互助养老行为等举措为核心”的台门互助养老模式，介于家庭养老模式和社会养老模式之间，为破解城市养老问题提供了有益的启示，对促进城市养老互助模式的多元化发展具有极好的推广意义。

思考与讨论：

（1）书圣故里社区“台门互助”养老模式的特质是什么？

（2）书圣故里社区“台门互助”养老模式是从哪些方面进行建构的？

（3）请为书圣故里社区“台门互助”养老模式的推广提出建议。

（资料来源：卢小红．城市“台门互助”养老模式的个案实践——以书圣故里社区为例[J]．绍兴文理学院学报，2018（12）：112-116.）

广州市荔湾区东漖街智慧养老项目模式及其成效

广州市是全国42个养老服务业综合改革试点地区之一，以“创新‘医养结合’运作模式”作为试点实施内容。东漖街作为广州市“医养结合”改革亮点和示范项目，其智慧养老项目以街道为抓手，整合多方医疗和养老服务资源，开展资源平台建设，是医养结合模式在社区养老层面的具体实践。

（1）项目概况。截至2016年年末，东漖街全街常住人口约5.8万人，户籍人口为1.95万人。常住辖区内60岁以上的老年人9 103人，约占街道常住人口的15.6%，其中户籍老年人3 675人，约占户籍总人口的18.8%；60～69岁老年人2 380人，70~79岁老年人986人，80～89岁老年人276人，90岁以上老年人33人；

独居老年人306人，孤寡老年人80人，重病老年人105人。街道辖区内也有大量外街迁入的老年人，入住社区时间短则一两年，长则10年以上。结合2015年东漖街家庭综合服务中心社工与社区医院联合开展的针对社区65岁以上老年人的调查报告显示，受访老年人中，63.5%的老年人都患有一种及以上的慢性疾病，主要是高血压、糖尿病、心脏病、冠心病等心脑血管疾病，其次是风湿痛等肢体痛症。62.5%的受访老年人在过去半年内有体检或就医经历，21.9%的受访老年人在过去半年内有住院经历，而95%的受访老年人每月都需到医院取药或看病，产生一笔固定的医疗支出，以千元左右居多。从数据中可以看到，东漖街老龄化明显，养老和医疗需求突出，因此东漖街道立足街情，积极探索社区智慧养老的新模式，探索如何联动多方资源开展医养结合养老模式在社区养老中的应用。

2015年7月，以医养结合为核心的东漖街智慧养老项目启动，该项目服务于社区内有医养需求、家庭照顾能力弱的老年人，第一期试点人群覆盖50户家庭的慢性病老年人，22户家庭的残障、中风、自理能力弱的老年人。2016年8月，第二期项目启动，扩充了50户家庭的老年人为个案服务对象，此外，联合家庭综合服务中心的老年领域服务，将支持性的社区服务拓展到辖区内的一般老年人。该项目由街道办事处统筹，与广州市北斗星社会工作服务中心、百家医道健康管理有限公司、东漖街社区卫生服务中心、颐和养老豪庭签订服务协议，初步形成“街道+社工机构+企业机构+社区医院+养老机构”五位一体的合作模式，为社区家庭照顾能力弱的老年人提供慢性病管理、身体康复、生活照料、心理支持等专业社区照顾服务。该项目最大特色是跨专业合作、联合社区养老多方资源，打造社区养老中的医养结合服务。

（2）东漖街智慧养老项目模式及其内容。东漖街智慧养老项目模式以社区照顾下的医养结合养老服务模式为主，按服务主体、服务客体、服务内容、服务方式和服务机制五大内容进行运行（如图5-4所示）。

在服务主体方面，东漖街道总结出“街道+社工机构+企业机构+社区医院+养老机构”为服务主体的医养结合模式，各有分工。其中，街道是指东漖街道办事处，负责项目的统筹协调和服务的开展；社工机构是指广州市北斗星社会工作服务中心，具体执行由其承接的东漖街家庭综合服务中心的业务，负责老年人的需求评估和统筹个性化服务方案制订、个案管理、心理支援服务等；企业机构是指广东百家医道健康管理有限公司，负责智能血压计设备提供和数据后台系统支持；社区医院是指东漖街社区卫生服务中心，负责项目内老年人的健康监测和指导；养老机构是指东漖街辖区内的颐和养老豪庭，负责为社区老年人提供照护和相应服务。

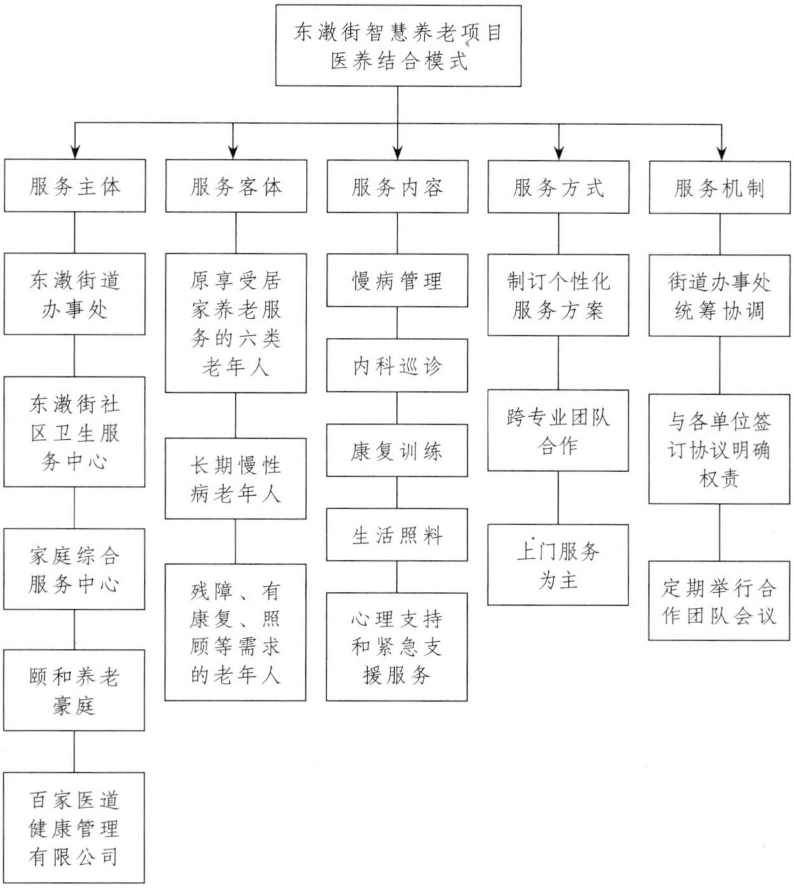

图 5-4　东溆街智慧养老项目医养结合模式

在服务客体方面，该项目除了将社区内原享受居家养老服务的六类户籍老年人（即无劳动能力、无生活来源、无法定赡养人/抚养人，或者法定赡养人/抚养人无赡养、抚养能力的；最低生活保障家庭、低收入困难家庭、重点优抚对象中生活不能自理的；曾获市级及以上劳动模范荣誉称号且生活不能自理的；80 周岁及以上独居或者仅与重度残疾子女共同居住的；最低生活保障家庭、低收入困难家庭、重点优抚对象中独居或者仅与重度残疾子女共同居住的；100 周岁及以上的）全部纳入项目服务范围外，还通过社区摸查、专业评估等，将慢性病老年人、肢体残障、有康复需求、自理能力较弱的独居孤寡老年人（不限户籍）也纳入智慧养老项目，通过“社工+医生+康复师”对其生理、心理、家庭状况等的共同评估，为其制订个性化服务方案。不同需求的老年人获得有针对性的服务，最大限度地发挥资源利用率，促进服务精细化。在服务内容方面，项目为社区老年人提供五大类社区照顾服务，分别为慢性病管理服务、内科巡诊服务、康复训练服务、生活照料服务、心理支持及紧急支援服务。在慢性病管理服务上，东溆街道采用“互联网+”思维模式，由企业——广东百家医道健康管理有限公司提供大数据系统和专业设备，老年人在家即可自行监测健康数据，自动上传到系统，健康管理员和社区医生共同监测，提供远程血压实时监测管理，进行综合评估建议指导，加强老年人的慢性病管理。在内科巡诊服务上，由社区医院——东漖街社区卫生服务中心为社区老年人提供每月定期的上门服务，包括身体检查、用药指导等，加强老年人的日常健康管理。在康复训练服务上，由养老机构——颐和养老豪庭的康复师为中风、偏瘫、肢体残障的老年人提供定期上门康复训练，恢复其身体机能，促进在家康复。在生活照料服务上，由街道——东漖街道办事处管理的居家养老服务团队为体弱、自理能力差的老年人提供生活照料，包括送餐、陪医服务、居家清洁和个人清洁服务等，改善其生活质量，保证老年人在社区的基本生活需求得到满足。在心理支持及紧急支援服务上，由社工机构——广州市北斗星社会工作服务中心承接的东漖街家庭综合服务中心项目的社会工作者们综合评估项目内社区老年人的心理、资源状况，社会工作者保持定期关注，在有需要时提供心理支持，促进老年人心理健康发展，并与社区医院等合作，在老年人出现紧急状况时共同提供支援。

在服务方式上，强调社区照顾理念，以上门服务和社区项目点服务为主要形式，方便老年人在家和社区享受专业医养结合服务。东漖街智慧养老项目通过整合协调各专业服务资源，为老年人制定服务时间表，以上门康复、上门医疗、上门照料为主，同时辅以专业社工组织的各类互助小组、康乐活动等，增强对老年人的社区支持。

在沟通机制上，街道办事处作为服务购买方，与各服务单位签订合作协议，明确各自权责，每月组织召开合作团队会议，就项目推进过程中的各项问题进行商讨，强调各单位的合作共赢。

（3）东漖街智慧养老项目的实施流程。项目通过两年的运作，明确了包括设计方案、与合作单位洽谈签订协议、社区宣传推广、发动报名并筛选服务对象、专业评估、定制服务、服务开展、检视总结等阶段性流程（如图5-5所示），促进了医养结合在社区养老服务中的标准化、流程化。

在项目开展过程中，第一步是设计项目方案，综合各合作单位意见，初步设计项目方案；第二步是与合作单位洽谈，签订协议，明确各自权责；第三步是社区宣传推广，通过楼层宣传、电话向潜在服务对象宣传、发放宣传资料等，增加社区居民对项目的知晓度；第四步是咨询报名，筛选服务对象，确定符合条件的老年人，予以登记建档；第五步是专业团队上门全面评估老年人身体、心理、家庭照顾状况等；第六步是为每位服务对象制订个性化服务方案，由跨专业服务团队中的医生、社会工作者、康复师、居家养老服务员针对每位服务对象的需要制订个性化服务方案；第七步是服务开展，每月召开合作团队会议，定期检视总结，根据每个人的服

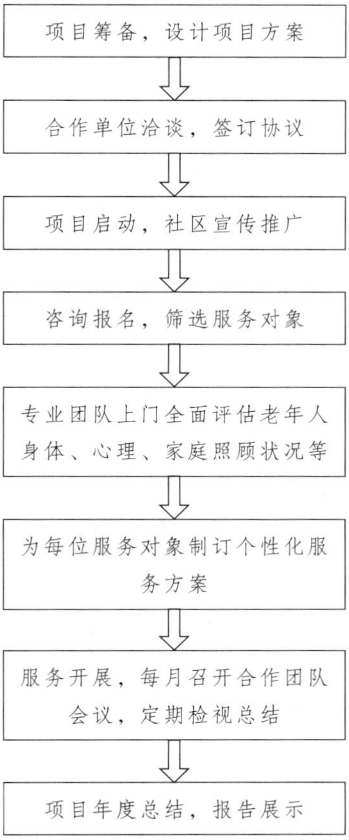

图5-5　东滘街智慧养老项目的实施流程

务方案，定期安排各项服务上门，并定期召开合作会议跟进项目进展；第八步是项目年度总结，报告展示，统计服务数据，评估服务成效并撰写年度报告。

现以享受该项目服务的服务对象黄婆婆（化名）为例介绍该项目的实施过程。

黄婆婆，现年74岁，患有高血压、糖尿病等多种疾病，是东滘街独居的“三无”孤寡长者。2015年初得过一次中风，造成身体半边麻痹和行动不便，因身体无法康复和无人照顾，情绪十分低落。

智慧养老项目在2015年7月启动后，黄婆婆第一时间就被列入服务筛查名单，由社会工作者带领社区医生、康复师等专业人员上门评估其身体、心理、照顾状况等，最终团队评估认为其符合项目条件，将其纳入项目服务对象名单。

服务团队为其制订了有针对性的服务方案，包括：每半个月一次的社区医生内科巡诊，检查其血压、血糖、服药情况、近期身体状况等；每周一次的康复师上门康复训练，协助其进行有针对性的康复训练；经与街道居家安老部门协调，由服务员每周两次为其买菜，另由服务中心派出两名志愿者结对关怀，每半个月轮流为其取药；社会工作者则保持定期电话、上门探访，有情绪问题时及时处理，统筹协调整个服务过程，关注黄婆婆对服务的感受及意见反馈，并与各方协调改善。

经过一年的项目服务，黄婆婆因中风引起的身体健康不佳状况得到了极大改善和恢复，生活能够自理。社会工作者、志愿者、医生、康复师的经常上门和服务，为黄婆婆搭建了社区照顾支持网，让黄婆婆得到了很好的社区照顾，她情绪开朗了，笑容也多了，还时常参加家庭综合服务中心举办的老年文化娱乐活动。

（4）项目运作的初步成效。以医养结合为核心的智慧养老项目在东濑街推行2年来，依托专业医生、护工、康复师、社会工作者、居家养老服务员等，为社区内的老年人提供从生理到心理、从肢体康复到生活照料、从心理关怀到紧急援助等全方位的照顾，累计每年服务5 600人次，并初步取得了较好的成效。

①有效解决了“养”“医”资源严重分离问题。传统社区照顾下的养老服务，关注点往往只集中在老年人的生活照料上，如日间看护、配餐等，或注意到老年人的情感需求、增加心灵关怀等，但对老年人最迫切、最需要又获取不便的医疗、康复、护理等需求则关注不多。一方面，现有的社区照顾体系中资源尚不充足，社区养老所能提供的正式和非正式资源还不能很好地满足老年人的养老需要；另一方面，医院和养老机构也缺乏动力将服务资源投入到社区。因此，东濑街推行医养结合模式下的智慧养老项目，充分调动了多种社会资源，为社区老年人提供了多样化、全方位的照顾服务。从服务过程中接受服务的老年人及其家人的反馈结果来看，医养结合模式下的智慧养老项目服务受到了极大的欢迎，切实解决了需要长期医疗和养老照顾的老年人在医疗、社区照顾、心理支援等方面的诸多问题。其中，专业医生、护士、康复师、社会工作者等的上门服务效果最直接，解决了老年人尤其是体弱老年人最迫切最困难的需求，社区对上门服务的需求非常大。

②建立了多元化的医养结合跨专业团队合作机制。医养结合养老服务模式，是对需要长期医疗和养老照顾的老年人群体提供医养结合服务，有效解决医疗和养老问题，强调医疗资源、养老资源的合作和整合。东濑街智慧养老项目推行2年来，积极探索跨专业合作机制，通过“街道+社工机构+企业机构+社区医院+养老机构”的联动，整合了社区服务资源，改善了过往居家养老服务资源分散、缺乏沟通合作的状况；通过定期的跨专业会议，形成稳定的沟通机制，为探索更全面的社区照顾体系积累了一定的经验。

③探索运用社会工作专业服务与医养服务相结合。医养结合养老服务模式强调社区内的医疗和养老照顾的整合，而东濑街智慧养老项目更是加入了社会工作专业服务，运用社会工作专业力量，从而达到对需要长期医疗和养老照顾的弱势老年人的全面关怀。

社会工作者在项目中运用社会工作理念和手法，强调服务的个别化和专业化，充分考虑老年人的个别化需求，在对老年人的需求评估、服务方案制订方面提供了更全面、更专业的视角和帮助，有效提高了老年人对服务的接受度和认可度。在项目开展过程中，社会工作者通过个案管理的专业手法，及时关注服务对象需要，协调各项资源，通过培育义工服务、心理关怀等，为老年人打造稳定的社区支持网络，促进老年人的幸福感提升，更积极地参与服务。例如部分原先长期卧床、心态较消极的老年人，在经过社会工作者长期关怀、及时辅导后，也逐渐开始配合，更积极地参与到日常康复中，更愿意主动关注自己的身心健康；个别长期待在家中缺乏外出活动及社交的老年人，也在社会工作者鼓励和带领下走出家门，更多地参与社会活动。

④建立社区弱势老年人和部分一般老年人的全面照顾体系。东澉街智慧养老项目在街道、社区医院、社工机构、企业、养老机构等多方合作下，依托专业医生、护工、康复师、社会工作者、居家养老服务员等服务者提供的养老服务，对需要长期医疗和养老照顾的老年人提供从生理到心理、从肢体康复到生活照料、从心理关怀到紧急援助等全方位的照顾，老年人的日常健康状况及生活动态得到了及时的掌握，有效地预防和解决了潜在危险因素。医养结合模式满足了社区老年人最需要的生活照顾、康复、心灵关怀等需要，提高了他们的生活质量和身心健康水平，确保了老年人在社区也能接受良好照顾，补充了原有资源体系的不足，建立了全面照顾体系。如在慢性病管理服务中，通过医生、社会工作者、健康管理员等的鼓励、提醒和监督，老年人从一开始的低参与度（不按时每天测量血压），逐渐转为积极参与，目前已有90%以上的老年人能坚持每天测量，依从性良好。在康复护理、生活照料等服务中，原先缺乏自理能力和家庭照料的独居孤寡长者，得到了良好的日常照料和康复训练，身心状况得到改善。一些独居、易有孤独、抑郁等消极情绪的老年人，也在社工的及时介入下逐渐转变，提升了对生活的信心，更积极参与到社区活动中。上述服务内容均为社区弱势老年人和部分一般老年人的全面照顾体系服务内容。

⑤建立“互联网+”的信息化手段。东澉街智慧养老项目依托互联网智能系统，根据使用需要设置不同功能模块，有需要的老年人在家即可自行监测健康数据，自动上传到互联网智能系统，健康管理员和社区医生共同监测，提供远程血压实时监测管理，进行综合评估建议指导，加强老年人的慢性病管理。在内科巡诊服务上，如街道——东澉街道办事处，负责总体监控，企业——广东百家医道健康管理有限公司，负责数据后台系统支持和提供专业检测设备，社工机构项目——东澉街家庭综合服务中心项目，负责录入心理健康测量和探访数据，社区医院——东澉街社区卫生服务中心，负责老年人的健康监测，如发现异常，则及时上门问诊；养老机构——颐和养老豪庭，负责提供照护、康复老年人的健康功能数据，并根据情况派出照护、康复团队为社区老年人提供相应服务。东澉街智慧养老项目实现了对

老年人健康状况的远程监测、服务信息共享及智能派工考勤等，发挥了互联网的科技助老功能，实现对服务的监测、计划和跟进，促进了社区养老服务的信息化、专业化。

（5）项目存在的不足。经过2年运营，东漖街智慧养老项目取得了初步成效，但同时存在一些不足之处。

①医养结合服务数字化平台需要完善。东漖街智慧养老项目的实际运作，迫切需要一个数字化平台作为技术支持，才能在服务对象日渐增多、服务内容日渐丰富的情况下促进多方合作，实时记录和监测服务对象状况并及时调动各方资源。因此，在项目一开始，作为项目服务主体之一的企业就负责提供数据后台系统支持，用来开发医养结合服务的数字化平台。在实际运作过程中，平台实现了服务对象建档等基本功能，但尚不能满足各方进一步的需求，例如社会工作者需要更好地对服务对象进行服务记录和跟踪评价，各方需要共享和交流最新的服务数据等。这方面还有赖于平台进一步完善和功能开发。

②资金投入和经费来源需要加强，服务覆盖范围有待扩大。东漖街智慧养老项目由东漖街道办事处全额资助，经费有限，能覆盖的服务面难以扩大，2年的项目运营中只能服务到200名需要长期医疗和养老照顾的老年人群体，享受服务的老年人范围有限。考虑到大部分弱势老年人缺乏长期自费购买服务的经济能力，在缺乏专项资金保障的情况下，仅靠东漖街道一级提供资金支持，资金投入难以扩大，经费来源单一，使得项目的服务覆盖面难以扩大，不能满足社区老年人日益增长的医疗和养老服务需求，也影响了项目的可持续性。

因此，为扩大项目效果，促进社区照顾中医养结合服务的推进，更理想的对策是对社区贫困、独居、孤寡等弱势老年人，由政府扩大服务经费投入，发挥政府社区养老服务的兜底功能；对经济状况尚可的社区老年人，可以尝试探索服务市场化，由社区老年人或家属自费购买服务，政府可以考虑通过推广长期护理险等方式，减轻老年人家庭的经济负担，以增加经费来源及可持续性。

③社工角色定位与专业性体现有待提升。因项目资源有限，只能覆盖到一小部分老年人群体，这就必然出现一个“筛选-准入”机制，而因项目特性，社会工作者往往对服务对象最为熟悉，同时作为项目服务的协调者，承担了“资源审核”这一角色，在街道办事处信任放权的情况下，基本掌握了名额及资源的审批权限。这就使得社会工作者在服务对象面前首先是一个“资源控制者”，所考虑的也首先是资源分配的公平性和程序上的透明公正，而不仅是单纯的服务提供者。此外，由于大部分项目服务对象需求集中在医疗、照顾上，对医生、康复师和护工等人员的服务需求更大，相较而言社会工作的专业优势并不明显，社会工作者在项目中的角色更多是一个个案管理者，工作更多是协调统筹各个服务对象的服务网络，行政事务

往往占多数，专业性不能很好地凸显，容易遭遇对自身专业价值的追问。

④缺乏相应医养结合服务标准和规范指引。医养结合作为一种新型的养老服务模式，虽然自2015年年底至2017年年初，国家及一些省市地区相继发布关于推进医疗卫生与养老服务相结合的政策文件，在政策上为医养结合工作提供保障，但由于医疗和养老业务主管部门交叉重叠、相关服务处于多头管理的状态，相关部门对政策的认识、调整和落实难以做到协调一致和横向整合，导致现阶段还缺乏具体的落地性的标准规范和管理制度，特别是缺乏医养结合服务标准和规范指引，这使得基层政府在开展工作时尚处于自我摸索阶段，不利于医养结合工作的深入发展，亟须国家出台医养结合服务标准规范和操作指引等。

思考与讨论：

（1）广州市荔湾区东滘街的智慧养老项目模式有何特点？

（2）广州市荔湾区东滘街智慧养老项目模式包括哪些内容？

（3）今后如何完善广州市荔湾区东滘街智慧养老项目模式？

（资料来源：王静，吴烈雄，陈少芬，等. 社区照顾视角下医养结合模式在社区养老服务中的应用——以广州市荔湾区东滘街智慧养老项目为例［J］. 中国社会工作，2017（12）：33-38.）

杭州滨江区“老少相伴”的精神养老服务

如何构建精神养老服务体系，为老人提供一个较好的精神养老服务项目？杭州滨江区自2017年12月启动的“老少相伴”养老项目——“陪伴是最长情告白”为上述问题提供了一个较为满意的答案。“陪伴是最长情告白”由滨江区团区委会同民政局，联合杭州市滨江区绿康阳光家园共同打造，它面向社会公开招募青年志愿者，为养老机构（绿康阳光家园）里的老人提供陪伴项目——志愿者可以根据自己的特长为老人开设英语、书法等兴趣班，还可以陪他们散步、聊天、帮忙解决问题；作为激励，从机构中推出部分房源，供符合条件的优秀志愿者入住，缓解他们的住房压力。这里通过案例分析，从共同生产理论的视角分析“老少相伴”精神养老项目中各行为主体，并为如何开展精神养老项目提出一般性建议。

（1）共同生产理论视域下精神养老服务的特点。共同生产指的是公共服务用户在服务设计、管理、提供或评价中志愿性或非志愿性地参与。共同生产强调，身为共同生产者的“公民”参与了公共服务的生产过程，创造了公共价值，提高了公共服务的效率和效益，并促进了政府治理能力。同时，各行为主体之间相互作用，政府是其中组织和产生参与主体间互动的推动者。以共同生产理论为框架，精神养老服务具有以下特点：

首先，重视老年人作为服务“消费者”的主体地位。精神养老服务是为满足老年人精神需求而开展的一系列服务活动。因为老年人的精神需求具有个体差异性，他们作为精神养老服务的“接受者”，必须参与到服务生产之中，积极表达自己的需求，使服务供给者准确提供老人们真正需要的服务。

其次，精神养老服务的供给者也必须积极参与到服务生产中来。一方面，子女、志愿者和老年人都可以成为精神养老服务的供给者；另一方面，老年人的精神需求多样，为了更好满足老年人的精神需求，供给者需时刻根据老年人的确切需求调整服务。再次，精神养老服务的组织者需要做好制度设计。组织者需要为实现服务目的，通过一定的组织方式构建老年人与其他老年人、家庭、其他人士及社会的互动模式和活动，[①]从而更好地满足老年人的精神需求。

（2）“老少相伴”精神养老项目中的生产者角色关系。“老少相伴”养老项目，是杭州市滨江团区委会同民政局于阳光家园养老机构发起的首个“志愿服务+人才公寓”配租服务——年轻人为老年人提供20小时的志愿陪伴服务时间即可以300元的优惠房租入住养老院。

Alford将共同生产者的角色分为消费者、供给者和合作者。[②]在这一项目中，老年人作为“消费者”、志愿者作为“供给者”，两者都积极参与了这一项目的生产过程。再加上该项目管理中的“协调者”养老机构和“组织者”地方政府（团区委和民政局），各个角色之间形成了互补关系。角色互补性体现在三个方面：一是老年人积极反映自己的需求，接受志愿者的“陪伴”服务；二是养老机构拿出一定比例的房源分批招募年轻志愿者，协调老年人和志愿者之间的反馈；三是地方政府引导养老机构有序、有效参与项目合作，并给予项目一定资源与制度支持。如图5-6所示。

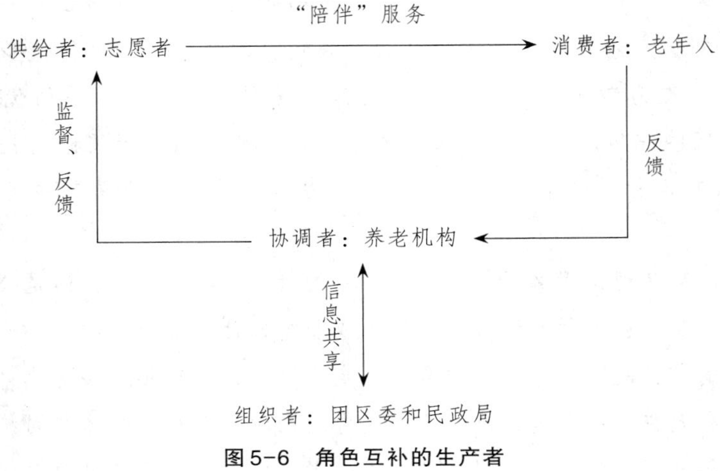

图5-6 角色互补的生产者

① 素梅．养老机构中精神养老服务内容研究［J］．山西高等学校社会科学学报，2015（5）：44-46，50.

② John Alford. The Multiple Facets of Co-Production：Buildingon the work of Elinor Ostrom ［J］. Public Management Review，2014，16（3）：299-316.

① 消费者：老年人。绿康阳光家园的老年人是陪伴服务的接受者，是共同生产中的“消费者”。年轻志愿者们长期的、制度化的陪伴丰富了他们的精神世界。很多老年人表示，年轻人有朝气、有活力，对他们来说是一种安慰。同时，在项目实施过程中，老年人及时将自己的需求向养老机构反馈，比如对志愿者开设的兴趣班提出个性化的诉求，需要心理、法律等专业资质或者有文艺特长的志愿者。还有人反映，由于志愿者人数较少，有很多不参加兴趣班的老人并不能接触到入住的志愿者。

② 供给者：志愿者。志愿者是该精神养老服务中“供给者”。志愿者们除了为老年人提供常规性的志愿陪伴服务，还可依托自身专业优势与养老机构各方资源为老年人开设教学类等相关课程及特色活动等，如书画班、英语课程、计算机课程等。同时，志愿者需根据养老机构的反馈进行服务的调整，使之更加符合老年人的需求。志愿者在日常服务时受阳光家园管理，志愿服务时间也由阳光家园的工作人员进行认证。

③ 协调者：养老机构。阳光家园养老机构是共同生产中的协调者，不仅与民政局、团区委保持密切的联系，汇报项目进展，而且负责对志愿者志愿服务时长进行认证监督，并根据老人的反馈，对志愿者的构成和服务安排进行调整。比如，阳光家园接收到老人的反馈后，实行了陪伴服务划区负责制，确保入住志愿者的陪伴服务能覆盖尽可能多的老人。

④ 组织者：团区委和民政局。团区委和民政局是该项目中的组织者。项目计划过程中，民政局福利科和团区委办公室通过走访、座谈会等形式征求阳光家园和企业青年雇员对项目的相关意见，并在此基础上形成具体方案。项目实施过程中，团区委、民政局联合发布志愿者招募信息，并根据养老机构的反馈进行招募标准和制度设计的调整，如在第二轮志愿者招募时，根据养老机构反馈，重点招募具有心理、法律等专业资质或者有文艺特长的志愿者。阳光家园每月会定期向团区委及时反馈志愿者服务情况，由团区委负责审核志愿时间并记录在案，同时，民政局负责全区的养老工作，对接和管理阳光家园。

(3)“老少相伴”精神养老项目中的共同生产管理方式。共同生产理论认为，共同生产管理者对共同生产进行有效的管理，可以深刻地调节和塑造公民的共同生产行为，积极影响共同生产的最终结果，创造良好的价值。[①]本文提出，“老少相伴”养老模式是一个“互补型嵌合式”的养老模式，“老年人”与志愿者、养老机构和地方政府之间角色形成互补关系，而为了调动共同生产者——“公民”——老年人和志愿者的参与性和生产积极性，防止志愿者“搭便车”行为，地方政府与

① 张云翔．公共服务的共同生产：文献综述及其启示［J］．甘肃行政学院学报，2018（10）：31-45.

养老机构在此项目中采取了三种主要管理方式使得各主体行动相互“嵌合”，最终形成“互补型嵌合式”的精神养老模式。地方政府与养老机构的共同生产管理方式如下：

① 政策制度资源供给。《关于开展“陪伴是最长情告白”公寓配租服务的若干意见（试行）》明确规定了志愿者的选拔标准、志愿者的志愿时长要求、激励措施、志愿者退出机制、具体志愿服务方式要求等。志愿者入住养老院之后也会与养老机构签订租房协议，在一定程度上保护志愿者的合法权益。民政局也对该项目进行补贴，提供一定的资金支持。

② 建立各主体之间的常态沟通机制。民政局和团区委通过座谈会、访谈等形式与志愿者、养老机构进行沟通，并制订初步的方案；在项目运作之后，阳光家园负责日常管理中的志愿者监督、考核，及时收集老人和志愿者的沟通与反馈情况，调整服务安排。

③ 物质激励与精神激励。为了提高志愿者在共同生产中的参与积极性，养老机构拿出一定比例的房源分批招募年轻志愿者，以每月300元的优惠房费来交换20小时的助老服务；每月为老志愿服务时数达到40小时、满意率评价为优秀的志愿者，入住管理费可降至每月100元。而且，表现出色的志愿者还会得到“荣誉奖”作为精神鼓励。

然而，虽然民政局、团区委和养老机构对共同生产进行了积极管理，但不得不承认的是，现行管理中还存在可能使各生产者之间产生摩擦的因素。首先，对志愿者评价标准不够完善。对于一些集中教学类的陪伴活动，如英语、绘画、书法课之类的课程，养老机构可以准确记录志愿者的志愿服务时间；但那些较为零碎的5~10分钟的陪伴时间，如志愿者根据老人们的要求帮忙处理手机故障等小事，养老机构却没办法很精准地记录在册。其次，对共同生产的多头管理造成了管理责任的推诿。一般来说，团区委负责志愿者的招募，民政局负责全区的养老工作，对接和管理绿康阳光家园，而阳光家园又负责志愿者平时的志愿考核，需要定时将志愿者服务表现向团区委汇报。所有这些管理层级和利害关系很容易在政府和养老机构间产生“踢皮球”的现象，造成项目生产者之间的摩擦，阻碍项目的顺利推进。最后，该项目法律制度支持缺乏。[①]志愿者只是和养老机构签订了协议，但是却没有相关的法律保护其合法权益，如果老人和志愿者发生了纠纷，或发生其他意外情况，该如何解决？谁来保护老人和志愿者的合法权益？

基于以上可能产生“摩擦”的因素，特提出以下建议：第一，完善志愿者评价标准，防止搭便车的行为和减少漏记志愿服务的现象发生。第二，确立一位管理人

① 金茹，彭金玉．“爱心房客”互助养老模式探究——以杭州市滨江区绿康阳光家园为例［J］．江南论坛，2019（6）：52-53.

员全权管理该项目，避免“踢皮球”、互相推诿责任的现象出现。第三，完善相关法律制度，使各利益主体的合法权益受到法律的保护，提高项目的合法性和公众可信度。

（4）共同生产视域下完善精神养老项目的路径选择。“老少相伴”项目是一个能缓解老人孤独感、满足老人养老需求的精神养老项目。本文从共同生产的视角，探究了该项目中老人、志愿者、养老机构和地方政府角色的“互补性”，以及身为管理者的政府和养老机构为促进身为共同生产者的“公民”的生产积极性、使各生产者之间“嵌合”所运用的管理方式——促进沟通、提供完善的政策、制度、资源和激励。本文还对共同生产管理中存在的“摩擦”因素进行了分析并提出了一些建议。“老少相伴”项目中阳光家园是一家公建民营的养老机构，且床位较充裕，这一点在当今养老压力越来越大的社会较为特别。虽然这个项目具有资源上的特殊性，但仍对地方政府和养老机构精神养老服务项目的提供有一定的借鉴意义。

首先，要保障作为“消费者”的老年人在精神养老项目中的主体地位。地方政府和养老机构等项目“组织者”或“协调者”（两者角色可能在其他项目中重合）要促进他们在项目中的共同生产，使老人积极表达自己的精神需求。

其次，项目组织者或协调者要积极调动志愿者等公民力量为老人提供精神养老服务。同时，供给者要积极根据老年人的反馈调整自己的服务供给，保证精神养老服务能够真正满足老年人的需求。

再次，组织者或协调者要及时收集老年人和服务供给者的反馈，进行组织安排上的调整，要形成完善的政策、制度、法律和资源供给，构建常态沟通机制，并运用激励等方式减少各主体之间的摩擦，使各行为主体角色之间相互“嵌合”，推进项目的顺利进行。

思考与讨论：

（1）杭州滨江区“老少相伴”的精神养老服务项目在运作上有何特色？

（2）杭州滨江区“老少相伴”的精神养老服务项目施行中如何保证老年人作为消费者的主体地位？

（3）杭州滨江区“老少相伴”的精神养老服务项目施行中如何提高志愿者的精神养老服务供给质量？

（资料来源：王翔翔. 共同生产视域下的精神养老服务——以杭州滨江区“老少相伴”项目为例［J］. 广西质量监督导报，2020（4）：39-40.）

幸福南方养老旅游度假区景观设计

（1）项目概况。项目位于南宁市国家级田园综合体“美丽南方”园内。“美丽南方”地处邕江北岸石埠半岛，距南宁市区10千米，自然风光优美，地理位置优越。当前，“美丽南方”正倾力打造忠良、和安、永安、乐洲等7个乡村规划示范区，其中忠良村自然资源丰富、人文底蕴丰厚，是小说《美丽的南方》故事背景所在地，堪称“美丽南方发源地”①。幸福南方养老旅游度假区位于“美丽南方”景区腹地、距忠良村约300米的木兰田园旁，有多条交通要道直达项目，交通便利。项目场地呈带状东西展开，北靠美丽南方景观河道，东、南、西三面以路为界，总占地约3.3平方千米。依托“美丽南方”区位及环境优势，老年人在此养老，既可以远离城市的喧嚣享受自然的清新，又能体验归园田居的生活方式。

（2）设计理念与开发愿景。项目以“养生花园，璀璨夕阳”为设计主题，借鉴园艺疗养模式营造出独特的养生功效花园，以一条养生景观轴贯穿整个花园，利用人体的感应，分成视觉、嗅觉、味觉、听觉、触觉五大功能板块，通过LID、新乡土设计理念与手法，打造集养老、养生、疗养、康复、度假、休闲、咨询、培训等功能为一体的国内一流养老养生度假基地。

（3）项目规划布局。总体规划布局基于美丽南方交通网络、周边环境特点、内部资源特征和用地条件等因素展开“一轴、两心、七区”的景观结构布局。“一轴”为养老花园景观轴，“两心”为商务展示中心和养生花园VIP服务中心，“七区”分别为商务及展示景观区、综合服务区、视觉养生区、嗅觉养生区、听觉养生区、触觉养生区、康体休闲区。传统养生提倡“动静互涵”，项目场地主要分成了东、西一动一静两大主题板块。东部板块主动，主要满足项目展示、养老咨询、接待服务和集散等需求；西部板块主静，主要满足会员的养老养生、度假住宿、公共服务、疗养保健、休闲娱乐等要求。

（4）景观设计内容。

①商务、展示、综合服务区。园区入口处设置的综合服务中心是养老旅游度假区的形象展示，集规划展示、游客服务、接待咨询、园区管理、营销推广等功能为一体。景区内设有“数字景观”导览景观柱，游客只需用手机扫描二维码，就可以获取景点介绍、所在位置、路线引导等服务，获取沿途主要景区景点、餐饮住宿、健身娱乐、文化活动等详细介绍资料。

②“五感”养生区。“五感”养生区由视觉区、听觉区、触觉区、嗅觉区和味

① 黎敏茜. 新型城镇化下的乡村治理创新与地区可持续发展——基于广西南宁市“美丽南方”实践的思考［J］. 环境保护与循环经济，2016（1）：4-8.

觉区组成，具体设计内容见表5-2。

表5-2 “五感”养生区设计内容

视觉区（色彩疗法板块）	嗅觉区（芳香疗法板块）	听觉区（声疗法板块）	味觉区（食疗法板块）	触觉区（园艺疗法板块）
疗养原理：利用软质景观（植物叶色、花色）和硬质景观（铺装、小品等）色彩搭配设计，对视觉产生影响作用	疗养原理：利用植物产生的芳香气味，对嗅觉产生影响，起到养生保健作用	疗养原理：利用自然的水声、风声、鸟叫声等，对听觉产生影响，起到疗养作用	疗养原理：利用药膳饮食搭配起到养生保健作用	疗养原理：利用手工制作、栽培园艺对触觉产生影响，无障碍设计方便老人长期居住
构成要素：色叶植物、开花植物、特色铺装、景观小品等	构成要素：芳香植物	构成要素：水景、植物、音响设施、鸟类等	构成要素：中草药、养生药膳、生态绿色食品、可食用花卉	构成要素：花圃、苗圃、手工体验作坊

视觉区选用形状各异、层次高低、色彩对比强烈的植物进行搭配。同时，从心理学的角度上看，人们更喜欢具有新鲜感的事物，丰富多彩的颜色搭配则能使人们感觉到愉悦。因此，视觉区花园内根据不同的时节、不同的季节变化来配置不同颜色的时令花卉吸引人的注意力，增加趣味性和观赏性。

嗅觉区内主要栽植了各类不同功效的芳香保健植物。例如“安眠”园内以法式薰衣草搭配迷迭香和西洋甘菊；“降压园”内以鼠尾草搭配花叶薄荷等。各功能区内都设有特色景观亭或休息廊，方便老年人随时坐下来闻香休息。

听觉区内设计了溪流景观、瀑布水廊和音乐喷泉。潺潺的溪水声、哗哗的瀑布声伴着音乐喷泉的节奏，谱出美妙的音乐。

味觉区内则设有养生餐吧、药膳馆、瓜果采摘棚和鲜花菜肴馆。在植物的搭配上“秀色可餐”，选用一些既有观赏价值同时又可食用的树木花卉，如桂花树、杏树、槐树、木槿、荷花、桔梗、芍药等。

触觉区主要为园艺展示体验园，利用园艺疗法原理，通过体验式和互动式景观形式，老年人可以零距离接触各式各样不同品种的植物，感受不同的质感，凹凸的、平滑的、粗糙的、细腻的，既可以体验植物栽培的乐趣，又可以相互交流。

③健身文娱休闲区。依据动静结合的养生理念，度假区内设有健身文娱休闲区，内有养生药浴池和游泳池、多功能运动广场、养生文化广场和康体健身步道等景点。养生文化广场上设置了一幅文化景墙，上面刻着太极拳、八段锦、五禽戏等传统养生功的动作技法和文字介绍。康体健身步道以专为老年人提供居住服务的养生度假木屋为起点，一直通往园内植被最丰富的山坡。为了减少老年人膝盖的磨

损，步道按照地形走势而设计，以缓坡为主，不设台阶，同时步道的铺装全部采用的是防滑透水环保材料。

在社会不断进步的同时，老龄化趋势也日益严峻。为老年人提供一个安度晚年、颐养身心的场所是设计师义不容辞的责任。从老年人的实际需求和身心特点出发，对养生型景观进行深入研究，需要景观设计师与植物专家、心理专家和医学专家一起协作研究。随着现代人养生保健意识的提高，养生型景观越来越受到重视，养生型景观的理论和设计方法将会更加完善。

思考与讨论：

（1）幸福南方养老旅游度假区景观设计是如何体现适老性的？

（2）结合本案例谈谈如何进行旅游养老资源的开发。

（3）本案例对你有何启示？

（资料来源：江汇．基于老年人感官体验的养生型景观设计初探——以南宁“幸福南方”养老旅游度假区为例［J］．绿色科技，2018（11）：39-41.）

国内的“互联网+”居家养老服务模式

（1）上海服务于老年人的电子商务网站——幸福9号。幸福9号于2014年3月15日创立，目标在于打造老年人线上健康、方便的保健产品购物体验，成为中国最值得信赖的老年人健康保健产品（服务）网站，这种互联网与传统居家养老模式的完美结合，让消费者更方便地体验了全新的健康产品购物模式。网站每天推出各款符合不同人群需求的健康保健产品（服务），其优惠的价格适应各类消费群体的需求，与此同时提供“正品保证”，并以人性化的售后服务解决各个层次消费者的后顾之忧。幸福9号围绕传统基础养老体系，不断为社区老人提供健康服务、家政服务、健康管理等大数据跟踪。老年群体平时10分钟左右就可以走到离家最近的互联网居家养老服务店，开启他们一天愉快健康的居家养老生活。幸福9号健康服务小店主要为居住在社区附近的老年人带来多种健康服务，提供日常的健康体检，比如，健康服务小店可以为老年人进行测试血压、脉搏、血常规、尿常规等常规身体状况的检查，保证及时了解老年人的身体健康状态，给他们提供相应的生活服务。老人们可以在这里进行理疗按摩、健康咨询、网络购物、文体娱乐活动等，同时还可以找到适合自己的多种便捷家政服务和个性化养老服务。这里是老人们养老的幸福乐园，同时也是他们的第二个家。截至目前，幸福9号在上海、深圳、西安等十几个大中城市建立了2 000平方米以上的老年幸福乐园近20家，服务全国约几百万名老人。

店里受过专业训练的服务人员可以为这些老年人提供相应的身体健康保健指导，附近的老年人来到店里，服务人员都会专业和蔼地进行接待，每个老年人在这里都有自己的专门身体健康管理数据库，保证这些服务人员对自己服务社区老年人的家庭状况、性格、生活习性以及身体状况等非常熟悉，方便今后及时应对各种突发情况，以提升小店的服务水平。考虑到老年人网络购物的支付和取货的不便，小店成为老年人网购商品的存放地点，方便他们在这里取到自己的商品，如果老年人在支付方面不会操作，这里的服务人员就会协助老年人进行相应的消费支付，当遇到老年人买的商品不满意的情况，有关商品的售后问题通常也能在小店中解决，为老年人的网络购物生活带来便捷体验，这为老年人网络购物免除了很多安全隐患。幸福9号用这种电子商务平台无偿或者低偿地为老年人提供便捷养老购物的服务，为互联网居家养老服务模式带来创新，同时，该平台以现代化快捷服务为核心理念，周到、人性化的服务态度满足了老年群体的生活需要，在今后的发展中为自己的口碑和推广做好了铺垫。

（2）武汉市“互联网+居家养老”提供三助一护养老服务。2016年年底，武汉获批中央财政支持开展居家和社区养老服务改革第一批试点，使得武汉能够合理有效运用多方资源推进武汉市“互联网+居家养老”的突破发展，武汉的“互联网+居家养老”主要包括三助一护（助餐、助洁、助医和远程照护）。目标是在2020年年底前，在中心城市街区实现居家养老服务半径不超1千米，并且形成“互联网+居家养老”武汉模范。

武汉江汉区与烽火科技公司合作，构建了互联网居家养老模式平台，平台共搭建指挥中心、呼叫中心和数据中心三大中心，这三大中心是一个有效的服务整体，武汉市的老年群体可以用自己的手机在家中用呼贝App或者微信小程序预约三餐、保洁、医疗等生活服务项目，这成为今后居家养老的常态。这一平台将江汉区各个养老服务商纳入其中，对于武汉市老年人群体的生活需求基本满足，平台分析统计了老年人的基本生活数据，便于处理日常居家的生活问题，还能让老年人提供反馈改进意见。

（3）乌镇智慧养老综合服务平台。乌镇智慧养老综合服务平台可以分为线上和线下两个部分。线上平台即日立老年服务交互通信系统，便捷地在相应的老人家中安装智能居家护理设备、远程健康管理设备、SOS呼叫跌倒与报警定位等，来帮助实现对老年人远程监控和应急管理。比如老人突发意外跌倒后，呼叫中心服务人员和老年人的亲属将会立即收到警报提示，方便后续相关的应急处理。目前，该系统已为2 010位老人录入基本生活信息，提供家庭处理设备160多台，接到的及时报警及通知多达700多次，后续老年人帮助服务1 800余次。与普通社区不同，乌镇这一社区拥有家庭照护服务管理中心，更加信息化、便捷化、智能化。进入乌镇照料中心的老人，只要在前台扫描会员卡，大屏幕上就会出现这个老人的基本个人信息，便于平台根据老人当前生活情况，为老年人提供及时的帮助。目前乌镇智慧养老综合服务平台的数据库包括老年群体基本个人情况、身体健康档案、服务登记、资源供应四个主要部分，平台定期将当地老年人的数据情况提交给政府，政府可以通过大数据分析当地老年人的基本需求，对养老服务提供方做出及时的监督和有效管理。

（4）巴中市居家养老呼叫系统。巴中市“数字民政”综合信息管理平台包括“居家养老服务管理模块”和“居家养老呼叫系统”，这一系统的基础是服务对象数据库，搭建巴中市的互联网居家养老服务信息平台，实现了巴中居家养老服务的环形运行、全程监控服务，提高了巴中互联网居家养老服务的监控管理力度。平台用政府购买居家养老服务的方式，设置覆盖巴中市的互联网居家养老服务呼叫中心，以“呼叫接听、工单受理、工单转派、咨询投诉、流程跟踪、监测回访、预警处置、紧急呼叫转接”为基本服务内容，为老年人提供网上服务，帮助做好互联网居家养老的事前、事中、事后监督。政府研发出巴中市居家养老服务手机App，提供给互联网居家养老服务商、服务人员安装使用，完善互联网居家养老服务信息在智能终端的“工单分派、接受、执行、结算和人员管理”等相关功能，突出互联网居家养老服务信息的互联互通和方便移动管理。各县（区）根据本地实际，用政府购买的方式，确定本地“五助”服务承接商，为巴中市老年群体提供互联网居家养老上门便捷服务，克服互联网居家养老服务“最后一公里”的障碍，使得互联网居家养老服务模式切实履行。

目前国内的“互联网+”居家养老模式开始深入到各地，对我国当前的老龄化人口的居家养老推广工作有很大的帮助，一些地区这一模式的成熟发展经验为其他地区提供了借鉴。在这一模式中也为企业的技术创新、政府与社会组织的合作提供了更多的可能，今后还会在发展过程中不断完善。相信这一模式的发展前景和空间还会得到更多认可。

思考与讨论：

（1）本案例所列举的四个国内的“互联网+”居家养老服务模式各有何特色？

（2）“互联网+”居家养老服务如何才能发挥应有的作用？

（3）本案例中的国内“互联网+”居家养老服务模式的经验对我们有哪些启示？

（资料来源：曾杰．国内互联网+居家养老服务模式的案例运用与经验启示［J］．智库时代，2019（4）：140-141.）

参考文献

[1]　汪泳．社区居家养老服务供给侧改革的实践与创新［M］．北京：人民邮电出版社，2020.

[2]　杨芳．探究养老之困［M］．北京：中国大百科全书出版社，2020.

[3]　徐锋，邹建锋，叶火煜，等．医养结合养老服务的理论与实践：基于浙江绿康医养等社会养老服务机构的研究［M］．北京：中国社会出版社，2020.

[4]　马冬梅．城市养老服务多维度调查与研究［M］．武汉：华中科技大学出版社，2020.

[5]　王林森．城镇居家养老服务供给能力研究［M］．南京：南京大学出版社，2019.

[6]　董红亚．中国养老进入服务新时代［M］．北京：中国社会科学出版社，2019.

[7]　国家信息中心经济预测部，加拿大养老基金投资公司．人口老龄化背景下的养老服务业发展研究［M］．北京：社会科学文献出版社，2019.

[8]　张岩松，等．老龄产业发展对策研究［M］．北京：清华大学出版社，2016.

[9]　张岩松，等．社会养老服务体系建设研究［M］．大连：东北财经大学出版社，2016.

[10]　张岩松，等．养老服务业发展与个案研究［M］．北京：清华大学出版社，2015.

[11]　张岩松，等．养老服务业人才队伍建设的研究与实践——兼论我国首个老年服务与管理专业教育教学改革［M］．北京：清华大学出版社，2014.

[12]　易开刚．现代化养老服务业的发展战略、模式与对策研究——以浙江省为例［M］．杭州：浙江工商大学出版社，2014.

[13]　魏华林，金坚强．养老大趋势：中国养老业发展的未来［M］．北京：中信出版社，2014.

[14]　陈昫．中国老年残疾人精神养老问题研究［M］．北京：中国劳动社会保障出版社，2014.

[15]　宋宝安．当代中国老龄群体社会管理问题研究［M］．北京：中国社会科学出版社，2009.

[16]　杨立群．老年福利制度研究［M］．北京：人民出版社，2013.

[17]　全国老龄工作委员会办公室．全国老龄政策研究优秀成果选编（2012）［M］．北京：华

龄出版社，2012.
[18] 卢霞，周良才．老年服务与管理概论［M］．北京：北京大学出版社，2014.
[19] 邬沧萍，杜鹏．老龄社会与和谐社会［M］．北京：中国人口出版社，2012.
[20] 苏振芳．人口老龄化与养老模式［M］．北京：社会科学文献出版社，2014.
[21] 施祖美．老龄事业与创新社会管理［M］．北京：社会科学文献出版社，2013.
[22] 周广庆．人口老龄化对社会发展和社会建设的影响［M］．杭州：浙江大学出版社，2013.
[23] 贾晓梅，侯姝．中国养老机构经营风险管理［M］．上海：上海社会科学出版社，2014.
[24] 张岩松，韩金．养老护理员职业吸引力提升的褒扬激励机制研究［J］．江苏经贸职业技术学院学报，2020（4）.
[25] 刘志敏，张岩松．积极老龄化视角下的我国互助养老机制构建策略研究［J］．经济研究导刊，2020（1）.
[26] 高琳，张岩松．论老年友好社区的建设与发展［J］．江苏经贸职业技术学院学报，2020（3）.
[27] 刘志敏，张岩松．积极老龄化视角下发展互助养老的对策研究［J］．卫生职业教育，2019（12）.
[28] 刘志敏，张岩松．“互联网+养老服务”助力地方振兴发展的措施［J］．江苏经贸职业技术学院学报，2019（4）.
[29] 张岩松，李健．失能老人养老服务对策研究——以大连市为例［J］．卫生职业教育，2018（1）.
[30] 张岩松．医养结合养老服务模式及发展对策研究——以大连市为例［J］．学周刊，2017（32）.
[31] 席恒．分层分类：提高养老服务目标瞄准率［J］．学海，2015（1）.
[32] 黄春梅．福利多元主义视角下居家养老服务的问题及对策解析［J］．社会福利，2018（5）.
[33] 任丽新．社区服务在养老保障中的作用［J］．社会，2001（1）.
[34] 侯子鑫，孟瑶，崔贺伟．浅谈新型社区养老概况［J］．山西农经，2020（4）.
[35] 陈玲玲．城市社区养老服务存在的问题及成因［J］．中国名城，2015（10）.
[36] 汪沂．社会养老服务机构的法律规制［J］．南京人口管理干部学院学报，2013（10）.
[37] 杨雯晖．机构养老服务中政府与市场的角色定位与思考［J］．行政科学论坛，2020（3）：35-38.
[38] 姚兆余．农村社会养老服务的属性、责任主体及体系构建［J］．求索，2018（6）：59-65.
[39] 臧跃．北京市机构养老存在的问题与对策［J］．科技促进发展，2016（3）：188-195.
[40] 陈为智，高梦丽．我国机构养老规制政策的发展、问题及其完善［J］．青岛科技大学学报（社会科学版），2020（3）：66-71.
[41] 张书，张燕琴，张敏．我国机构养老服务标准化的现状及对策研究［J］．中国标准化，2019（3）：74-78.
[42] 姚泊羽，邹亮．“旅游+养老”背景下旅顺口区旅游养老产品发展对策研究［J］．智库时代，2020（1）：152-153.

［43］ 赖一阳，曾瑞明．旅游养老：新时代养老方式革命的序幕［J］．中国集体经济，2018（28）：158-159.

［44］ 刘溪辰．我国养老旅游现状分析与发展策略探究［J］．辽宁师专学报（社会科学版），2019（5）：7-8.

［45］ 林惠．重庆市旅游养老产品开发研究［J］．度假旅游，2019（4）：153-154.

［46］ 王晟．苏州市养老旅游产品开发策略研究［J］．旅游纵览，2020（10）：126-127.